Action and adventure collide in EPIC. Plunge into a universe of powerful beasts, hair-raising tales, and high-speed excitement. Astonishing explorations await. Can you handle it?

This is not an official Hasbro book. It is not approved by or connected with Hasbro.

This edition first published in 2023 by Bellwether Media, Inc.

No part of this publication may be reproduced in whole or in part without written permission of the publisher. For information regarding permission, write to Bellwether Media, Inc., Attention: Permissions Department, 6012 Blue Circle Drive, Minnetonka, MN 55343.

Library of Congress Cataloging-in-Publication Data

Names: Polinsky, Paige V., author.
Title: Transformers / by Paige V. Polinsky.
Description: Minneapolis, MN : Bellwether Media, Inc, 2023. | Series: Epic: Favorite Toys | Includes bibliographical references and index. | Audience: Ages 7-12 years | Audience: Grades 2-3 | Summary: "Engaging images accompany information about Transformers toys. The combination of high-interest subject matter and light text is intended for students in grades 2 through 7"–Provided by publisher.
Identifiers: LCCN 2022004838 (print) | LCCN 2022004839 (ebook) | ISBN 9781644877722 (Library Binding) | ISBN 9781648348181 (eBook)
Subjects: LCSH: Toys–Juvenile literature. | Transformers (Fictitious characters)–Juvenile literature.
Classification: LCC GV1218.5 .P65 2023 (print) | LCC GV1218.5 (ebook) | DDC 790.1/33–dc23/eng/20220211
LC record available at https://lccn.loc.gov/2022004838
LC ebook record available at https://lccn.loc.gov/2022004839

Text copyright © 2023 by Bellwether Media, Inc. EPIC and associated logos are trademarks and/or registered trademarks of Bellwether Media, Inc.

Editor: Elizabeth Neuenfeldt   Designer: Josh Brink

Printed in the United States of America, North Mankato, MN.

TABLE OF CONTENTS

Transform and Roll Out!	4
The History of Transformers	6
Transformers Today	14
More Than a Toy	18
Glossary	22
To Learn More	23
Index	24

Transform and Roll Out!

A child is playing with **action figures**. **Decepticons** are attacking a city. Look out! A **semitruck** appears. It **transforms** into a giant robot! It is Optimus Prime. He is a powerful **Autobot**. He will save the day!

OPTIMUS PRIME

BOT BOSS

OPTIMUS PRIME LEADS THE AUTOBOTS. HE IS ALSO CALLED CONVOY.

The History of Transformers

Transformers were first called Diaclone toys. They were made by Takara in Japan in 1980. These toy robots turned into cars.

HASBRO OFFICES

TINY TOYS

DIACLONES WERE DRIVEN BY MICROMAN TOYS. TAKARA CREATED THESE TOYS IN 1974.

TRANSFORMERS BEGINNINGS

Hasbro offices, Pawtucket, Rhode Island = 🔴
Takara offices, Tokyo, Japan = 🟡

In 1983, Hasbro got the **rights** to sell Diaclone toys. Hasbro called them Transformers.

Transformers first hit stores in 1984. There were 28 different figures. Each one had a name and a story.

A cartoon called *The Transformers* came out with the toys. A comic book series was made, too. They helped sell more toys!

1984 TRANSFORMER ACTION FIGURE

MONEY MACHINES

IN 1985, TRANSFORMERS MADE HASBRO AROUND $300 MILLION!

TRANSFORMERS COMIC BOOK

Hasbro made new Transformers in 1993. Characters were brightly colored. They had new items. But they were not popular.

Beast Wars Transformers saved the **brand** in 1996. These robots changed into animals. They were a hit!

BEAST WARS TRANSFORMERS

The first **live-action** Transformers movie came out in 2007. New toys let fans play with their favorite characters. It sparked a new love for the toys!

2007 TRANSFORMERS LIVE-ACTION MOVIE

TRANSFORMERS TIMELINE

1980
Takara creates Diaclone toys

1984
Transformers first hit stores

1996
Beast Wars Transformers save the brand

2007
The first live-action Transformers movie comes out

2007 TRANSFORMERS ACTION FIGURE

Transformers Today

Today, kids still enjoy Transformers. Many Transformers are from shows and movies.

Some change into different things. Dinobots are dinosaurs that become robots. BotBots look like common objects. But they change into tiny robots!

TRANSFORMER TYPES

Beast Wars

Dinobots

Rescue Bots Academy

War for Cybertron

Adults like Transformers, too. They collect toys they played with as kids.

Some adults search for **rare** Transformers. These toys can cost a lot of money!

More Than a Toy

TRANSFORMERS: THE LAST KNIGHT

18

Transformers star in cartoons and movies. They are in video games, too. They are also seen in books and comics.

Fans enjoy Transformers in many ways. They attend **conventions** and **cosplay** as their favorite Transformers. Museums share Transformers history. There is even a Transformers ride!

These toys are more than meets the eye!

FANS COSPLAYING AT A CONVENTION

TRANSFORMERS: THE RIDE-3D PROFILE

What Is It? Thrill ride

Where Is It? Various locations around the world

When Did It Open? The first ride opened on December 3, 2011

TRANSFORMERS: THE RIDE-3D

Glossary

action figures—small figures that are used as toys

Autobot—a kind of Transformer character who is good

brand—a category of products that are all made by a certain company and all have a certain name

conventions—events where fans of a subject meet

cosplay—to dress up as a fictional character

Decepticons—kinds of Transformers who are evil

live-action—related to movies that feature real people as actors

rare—hard to find

rights—the legal ability to use a certain name or product

semitruck—a large truck that pulls a large trailer

transforms—changes completely

To Learn More

AT THE LIBRARY

Bowman, Chris. *Action Figures*. Minneapolis, Minn.: Bellwether Media, 2022.

Huddleston, Emma. *Transformers*. Minnetonka, Minn.: Kaleidoscope Publishing, 2019.

Sorenson, Jim. *Transformers: A Visual History*. San Francisco, Calif.: VIZ Media, LLC, 2019.

ON THE WEB

FACTSURFER

Factsurfer.com gives you a safe, fun way to find more information.

1. Go to www.factsurfer.com.

2. Enter "Transformers" into the search box and click 🔍.

3. Select your book cover to see a list of related content.

Index

action figures, 5, 8, 13
adults, 16, 17
Autobot, 5
Beast Wars, 11
beginnings, 7
books, 19
BotBots, 14
cartoon, 8, 19
collect, 16
comic book, 8, 9, 19
conventions, 20
cosplay, 20
Decepticons, 5
Diaclone, 6, 7
Dinobots, 14

Hasbro, 6, 7, 9, 10
history, 6, 7, 8, 10, 11, 12, 20
Japan, 6
movie, 12, 14, 19
museums, 20
Optimus Prime, 5
ride, 20, 21
sales, 8, 9
Takara, 6, 7
timeline, 13
Transformers: The Ride-3D, 21
transforms, 5
types, 15
video games, 19

The images in this book are reproduced through the courtesy of: Chris Wilson/ Alamy, front cover (hero), pp. 8 (top), 13 (1984 toy); Aisyaqilumaranas, cover (top left, top right, lower middle right, bottom right), pp. 3 (right), 5 (Optimus Prime); Xi Zhang, cover (middle left, top middle, top middle right); phol_66, cover (bottom left), p. 5 (Bumblebee); CTRPhotos, back cover (top left, middle left, bottom left, top right, middle right, bottom right), pp. 22, 23; Faiz Zaki, p. 3 (left); rubchikova, p. 4 (child); Gillian van Niekerk/ Alamy, p. 4 (Transformer); Wangkun Jia/ Alamy, p. 6; www.benstoybarn.com/ Alamy, p. 8 (bottom); ZUMA Press/ Alamy, p. 9; muck/ Alamy, p. 10; Gobi/ Flickr, pp. 11 (top left, top right, bottom left, bottom right), 13 (Beast Wars), 15 (Beast Wars); AA Film Archive/ Alamy, p. 12; Geoff Caddick/ Alamy, p. 13 (2007 toy); Joe Wu/ Flickr, pp. 13 (top Diaclone), 15 (Dinobots); Entertainment Pictures/ Alamy, p. 13 (2007 entry); Napat Chaichanasiri, p. 14; N Azlin Sha, p. 15 (Rescue Bots); Jim McDowall/ Alamy, p. 15 (War for Cybertron); Imaginechina/ Alamy, p. 16; Ni ming/ AP Images, p. 17; Paramount Pictures/ Everett Collection, p. 18; Rick Eglinton/ Getty Images, p. 19; Albert L. Ortega/ Getty Images, p. 20; Sienpreverde22, p. 21; Sarunyo L, p. 21 (top).

CAHIER D'ACTIVITÉS

Lénia Rio

Crédits photographiques (de gauche à droite et de haut en bas) :

P. 4 : backiris / Adobestock ; korionov / Adobestock ; Maridav / Adobestock ; deagreez / Adobestock – **p. 5 :** picture alliance / Getty ; Bloomberg / Getty ; RFI ; Cyril Ndegeya / AFP – **p. 6 :** BestStock / Adobestock – **p. 7 :** Conrado Giusti – **p. 8 :** amin268 / Adobestock ; alekseyvanin (x4) / Adobestock ; Daniel Berkmann / Adobestock ; Anna / Adobestock ; feelisgood / Adobestock ; Arcady / Adobestock – **p. 9 :** alekseyvanin / Adobestock ; amin268 / Adobestock ; feelisgood / Adobestock ; vectortatu / Adobestock ; Arcady / Adobestock – **p. 10 :** Pasko Maksim / Adobestock – **p. 11 :** Frederic SOULOY / Getty ; Dia Dipasupil / Getty ; Eric Fougere - Corbis / Getty – **p. 12 :** Drobot Dean / Adobestock ; Kzenon / Adobestock – **p. 13 :** fizkes / Adobestock – **p. 14 :** New Africa / Adobestock – **p. 15 :** Centre Départemental Information Jeunesse la Rochelle – **p. 16 :** luengo_ua / Adobestock – **p. 17 :** kirania / Adobestock – **p. 18 :** fotofabrika / Adobestock – **p. 20 :** Kzenon / Adobestock – **p. 21 :** Sylvain Lefevre / Getty – **p. 22 :** Erni (x2) / Adobestock ; EcoView / Adobestock – **p. 23 :** Stef Bennett / Adobestock ; MrPreecha / Adobestock ; davemontreuil / Adobestock ; ondrejprosicky / Adobestock ; jrossphoto / Adobestock – **p. 24 :** rh2010 / Adobestock ; berezko / Adobestock ; Pavel Losevsky / Adobestock ; puhhha / Adobestock ; New Africa / Adobestock – **p. 26 :** ASDF / Adobestock ; fizkes / Adobestock ; Davide Angelini / Adobestock – **p. 27 :** fizkes / Adobestock – **p. 29 :** New Africa / Adobestock ; nyul / Adobestock ; ASjack / Adobestock ; Ljupco Smokovski / Adobestock ; deagreez / Adobestock ; PPP / Adobestock ; Vectorwonderland / Adobestock ; Rymden / Adobestock ; Prostock-studio / Adobestock ; VadimGuzhva / Adobestock ; Mediteraneo / Adobestock ; Viktoriia Adobestock – **p. 30 :** fotomine / Adobestock ; martialred / Adobestock ; Janis Abolins / Adobestock ; Daniel Berkmann / Adobestock ; mark1987 / Adobestock ; Smith1979 / Adobestock ; ylivdesign / Adobestock ; blumer1979 / Adobestock – **p. 31 :** Vlada Z / Adobestock ; Piranhi / Adobestock ; Lotharingia / Adobestock ; merydolla / Adobestock ; Philophoto / Adobestock – **p. 32 :** Vadym / Adobestock ; pingebat / Adobestock – **p. 33 :** luckybusiness / Adobestock ; Syda Productions / Adobestock ; WavebreakMediaMicro / Adobestock ; Wayhome Studio / Adobestock – **p. 34 :** william87 / Adobestock ; chika_milan / Adobestock ; Rido / Adobestock – **p. 35 :** pramote / Adobestock ; KB3 / Adobestock ; sborisov / Adobestock – **p. 36 :** streptococcus / Adobestock – **p. 37 :** phpetrunina14 / Adobestock – **p. 38 :** asife / Adobestock ; Yves Damin / Adobestock ; illustrez-vous / Adobestock ; PHILETDOM / Adobestock ; Production Perig / Adobestock ; elenabsl / Adobestock – **p. 39 :** robu_s / Adobestock – **p. 41 :** giorgos245 / Adobestock ; Logostylish / Adobestock ; Thierry RYO / Adobestock – **p. 42 :** kankhem / Adobestock – **p. 43 :** Syda Productions / Adobestock – **p. 44 :** Prostock-studio / Adobestock ; Rido / Adobestock Pavel Losevsky / Adobestock ; arekmalang / Adobestock – **p. 45 :** Drobot Dean / Adobestock ; goodluz / Adobestock ; / Adobestock ; deagreez / Adobestock ; Volha Hlinskaya (x2) / Adobestock – **p. 46 :** Elnur / Adobestock ; Nataliia / Adobestock ; montego6 / Adobestock ; ozaiachin / Adobestock ; 3dmitruk / Adobestock ; Elisa / Adobestock ; kitthanes / Adobestock ; prescott09 / Adobestock ; prime1001 / Adobestock – **p. 47 :** LIGHTFIELD STUDIOS / Adobestock – **p. 48 :** Volha Hlinskaya (x2) / Adobestock – **p. 49 :** New Africa / Adobestock – **p. 50 :** tongpatong / Adobestock – **p. 51 :** dlyastokiv / Adobestock – **p. 52 :** -Y4NN- / Adobestock ; WellnessSisters / Adobestock ; Sergio / Adobestock ; MelisendeVector.com (x2) / Adobestock ; Jemastock / Adobestock ; negoworks / Adobestock – **p. 54 :** artinspiring / Adobestok ; Dvarg / Adobestock – **p. 56 :** Racle Fotodesign / Adobestock ; diignat / Adobestock ; WavebreakMediaMicro / Adobestock ; Monkey Business / Adobestock ; Drobot Dean / Adobestock ; LIGHTFIELD STUDIOS / Adobestock ; Miceking / Adobestock ; Style-o-Mat / Adobestock ; Daniel Berkmann / Adobestock ; ii-graphics / Adobestock ; martialred / Adobestock ; Tiler84 / Adobestock ; Marc / Adobestock – **p. 57 :** Syda Productions / Adobestock – **p. 58 :** Dmitriy Kazitsyn / Adobestock ; Maria_Savenko / Adobestock ; aneduard / Adobestock ; Vita / Adobestock ; Aspi13 / Adobestock ; Alekss / Adobestock ; Un-Branded (P4MM) / Adobestock ; Muenchbach / Adobestock ; MarySan / Adobestock ; Coprid / Adobestock – **p. 59 :** Triathlon des Ardennes – **p. 60 :** Denys / Adobestock – **p. 61 :** Vitya_M / Adobestock – **p. 63 :** Good Studio / Adobestock ; artbesouro / Adobestock ; Yael Weiss (x3) / Adobestock ; ii-graphics / Adobestock ; Daniel Berkmann (x2) / Adobestock ; Miceking / Adobestock ; Ben / Adobestock ; Style-o-Mat / Adobestock ; kazy / Adobestock – **p. 64 :** Lotfi MATTOU (x3) / Adobestock ; Alekss / Adobestock ; Norman75 / Adobestock ; TheFarAwayKingdom / Adobestock ; Chief Design / Adobestock – **p. 65 :** mark.f / Adobestock – **p. 66 :** talsen / Adobestock ; JoergSteber / Adobestock ; domnitsky / Adobestock ; azure / Adobestock ; Photoclip57 / Adobestock – **p. 67 :** Grigory Bruev / Adobestock ; Václav Mach / Adobestock – **p. 68 :** Photoagriculture / Adobestock ; Farknot Architect / Adobestock ; dule964 / Adobestock – **p. 69 :** DenisProduction.com / Adobestock ; VRD / Adobestock ; Oliv / Adobestock ; Bruno Herold / Adobestock ; herreneck / Adobestock – **p. 70 :** GoodMood / Adobestock ; eightstock / Adobestock ; vitaliiy_73 / Adobestock ; exopixel / Adobestock ; Ruslan Kudrin / Adobestock ; Destina / Adobestock ; adisa / Adobestock ; Ruslan Gilmanshin / Adobestock ; Alexandra_K / Adobestock – **p. 71 :** Good Studio / Adobestock – **p. 73 :** estherpoon / Adobestock ; SG- design / Adobestock ; Tartila / Adobestock ; Antoniogaudencio / Adobestock – **p. 74 :** Africa Studio / Adobestock – **p. 76 :** Ar_twork / Adobestock ; Conrado Giusti – **p. 77 :** Pixel-Shot / Adobestock – **p. 78 :** marysckin / Adobestock ; M.studio / Adobestock ; lunamarina / Adobestock ; nortongo / Adobestock ; cdkproductions / Adobestock ; mates / Adobestock ; Harald Biebel / Adobestock – **p. 80 :** Art_by_Danko/ Adobestock ; MoreVector (x8) ; mything / Adobestock – **p. 83 :** Doris Heinrichs / Adobestock ; ilietus / Adobestock – **p. 84 :** jackfrog/ Adobestock dglimages / Adobestock ; highwaystarz / Adobestock – **p. 85 :** Thomas Pajot / Adobestock ; – **p. 87 :** dusk / Adobestock ; vvoe / Adobestock ; Mara Zemgaliete / Adobestock ; kucherav / Adobestock ; osztya / Adobestock ; bit24 / Adobestock ; Freedom Life / Adobestock ; Africa Studio / Adobestock – **p. 88 :** Good Studio / Adobestock ; KatyaKatya / Adobestock – **p. 89 :** goodluz / Adobestock ; mark.f / Adobestock – **p. 91 :** Suzanne Plumette / Adobestock ; Fotos 593 / Adobestock ; Galyna Andrushko / Adobestock ; Martin Schwan / Adobestock – **p. 92 :** IjinanDesign / Adobestock – **p. 93 :** Anna Kwiatkowska / Adobestock ; rilueda / Adobestock – **p. 94 :** Miceking / Adobestock ; Serhii / Adobestock ; vectorchef / Adobestock ; martialred / Adobestock ; Ayseliani / Adobestock ; M Design / Adobestock ; kebox / Adobestock ; Atlantis / Adobestock ; SpicyTruffel / Adobestock ; / Adobestock – **p. 97 :** PR Image Factory / Adobestock – **p. 98 :** Piotr / Adobestock ; fkprojects / Adobestock – **p. 99 :** Balazs Kovacs Images / Adobestock ; / Adobestock ; Cobalt / Adobestock ; YukiT / Adobestock ; misskaterina / Adobestock ; Pellinni/ Adobestock – **p. 101 :** o_a / Adobestock ; mark.f / Adobestock – **p. 102 :** Beboy / Adobestock ; YoF (x2) / Adobestock ; aranjuezmedi / Adobestock – **p. 103 :** LIGHTFIELD STUDIOS / Adobestock ; moodboard / Adobestock ; Vasyl / Adobestock ; wutzkoh / Adobestock ; Tartila / Adobestock ; Fototocam / Adobestock ; Kazyavka / Adobestock ; Angelov / Adobestock – **p. 104 :** paseven / Adobestock ; Kabardins photo / Adobestock – **p. 105 :** Tartila / Adobestock ; mark.f / Adobestock

Direction éditoriale : Béatrice Rego
Marketing : Marine Toualy
Édition : Anna François, Marie-Charlotte Serio
Couverture : Miz'enpage
Conception maquette : Dagmar Stahringer, Fabienne Couderc et Isabelle Vacher
Mise en page : AMG
Plans : Conrado Giusti
Enregistrements : Vincent Bund

© CLE INTERNATIONAL, SEJER, 2021
ISBN : 978-209-035570-3

Sommaire

UNITÉ		
0	Tour du monde en français	P. 4
1	Bienvenue	P. 10
2	Des métiers de rêve ?	P. 20
3	J'adore ma ville	P. 30
4	Nous tous	P. 42
5	Une vie trépidante	P. 54
6	Le coin des bonnes affaires	P. 66
7	Cuisines du monde	P. 78
8	Bon voyage !	P. 90

DELF	Épreuve type	P. 102
Annexes	Tableaux de conjugaison	P. 106
	Lexique	P. 108

UNITÉ 0 — Tour du monde en français

VOCABULAIRE

1 Trouvez dans la grille les expressions de salutations.

bonjour – salut – bonsoir – au revoir – à bientôt – à tout à l'heure

P	D	F	G	P	O	A	B	A	F	H	X	J
G	A	B	I	E	N	T	O	T	J	P	F	P
J	E	T	H	X	Y	T	N	S	N	E	X	H
P	D	U	O	U	I	O	J	I	S	I	M	B
H	X	Y	T	U	A	P	O	C	A	R	I	E
B	S	A	L	U	T	K	U	N	Q	P	O	I
E	A	T	P	O	O	A	R	U	S	D	I	P
I	S	X	G	H	S	U	L	L	Z	R	Y	M
P	D	F	G	P	O	R	L	H	Q	S	D	X
M	W	X	C	E	I	E	I	O	E	S	A	E
X	S	M	O	I	S	V	A	I	T	U	K	T
W	P	I	T	R	E	O	P	S	G	Z	R	R
S	B	O	N	S	O	I	R	E	K	K	L	E
Q	R	D	G	I	Z	R	G	H	F	G	I	O

2 Associez les expressions suivantes à une image.
a. au revoir **b.** bonjour **c.** salut **d.** bonsoir

1. .... 2. .... 3. .... 4. ....

PHONÉTIQUE

3 🔊 01 Vous allez entendre des mots avec les sons [u] et [w]. Cochez la bonne réponse dans le tableau.

	a.	b.	c.	d.	e.	f.
[u]						
[w]						

COMPRÉHENSION ORALE

4 🔊 02 Écoutez et cochez les mots que vous entendez.

☐ salut ☐ à tout à l'heure ☐ le soir ☐ bonjour ☐ à bientôt
☐ le jour ☐ au revoir ☐ bonsoir ☐ la nuit

Cap sur l'Afrique

PHONÉTIQUE

1 🔊 03 Écoutez l'alphabet puis répétez. Quelles différences existe-t-il entre l'alphabet français et l'alphabet de votre langue maternelle ?

....

COMPRÉHENSION ORALE

2 🔊 04 Écoutez ces personnalités africaines épeler leurs prénoms et leurs noms. Complétez les fiches.

a. b. c. d.

Nom : .... Nom : .... Nom : .... Nom : ....
Prénom : .... Prénom : .... Prénom : .... Prénom : ....

PRODUCTION ORALE

3 Voici des identités fictives. Présentez-vous et épelez votre prénom et votre nom comme dans l'exemple.

Exemple : Bonjour à tous, je m'appelle Ibrahim Benkalou.
Ibrahim : I-B-R-A-H-I-M et Benkalou B-E-N-K-A-L-O-U

Prénom : Ibrahim
Nom : Berkalou

Prénom : Samir
Nom : Benjaoui

Prénom : N'Gessan
Nom : Mablankou

Prénom : Hakima
Nom : Choukri

Prénom : Fouad
Nom : Maalouf

Prénom : Amina
Nom : Cotillot

Prénom : Amadou
Nom : Karouna

Prénom : Valentin
Nom : Madimbe

Prénom : Omar
Nom : Atah

PRODUCTION ÉCRITE

4 Écrivez 3 mots présents dans l'unité. Demandez à un camarade d'épeler un des 3 mots (par exemple "Comment s'écrit le a. ?") et tout le groupe écrit le mot sur son cahier.

....
....

UNITÉ 0 — Tour du monde en français

Cap sur l'Asie

VOCABULAIRE

1 Complétez le texte avec les mots de la liste.

merci – de rien – désolée – pas de problème – gentil – s'il te plaît – excuse-moi

Professeur : Écrivez tous les mots français que vous connaissez.

Benoît : ...., Clélia, tu as un stylo pour moi, ... ?

Clélia : Non, ... !

Benoît : .... Et toi, Nicolas ?

Nicolas : Oui, tiens !

Benoît : .... Nicolas ! C'est .... !

Nicolas : .... !

Professeur : Benoît, la prochaine fois, pense à ton matériel scolaire !

Cap sur l'Europe

VOCABULAIRE

1 Complétez la carte avec ces pays francophones.

France – Luxembourg – Belgique – Suisse – Andorre – Monaco

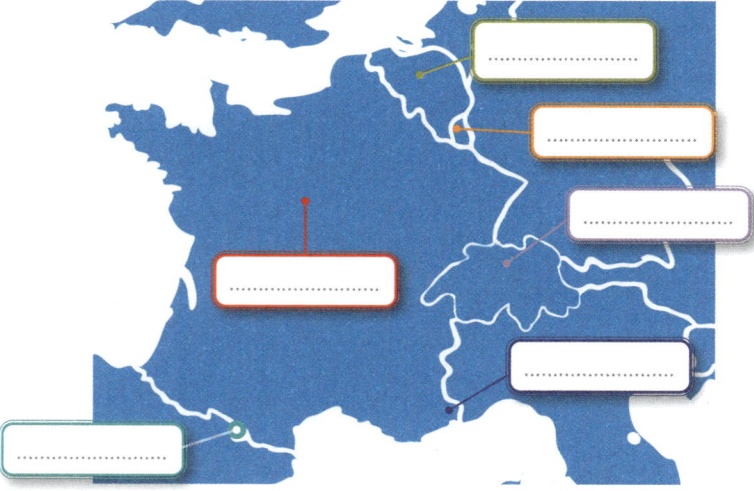

2 Complétez les mots croisés.

a. Bruxelles est la capitale de ce pays.
b. Pays trilingue.
c. La ville des Lumières est une ville de ce pays.
d. C'est le pays le plus densément peuplé.
e. Ce pays est une co-principauté.
f. Berne est la capitale de ce pays.

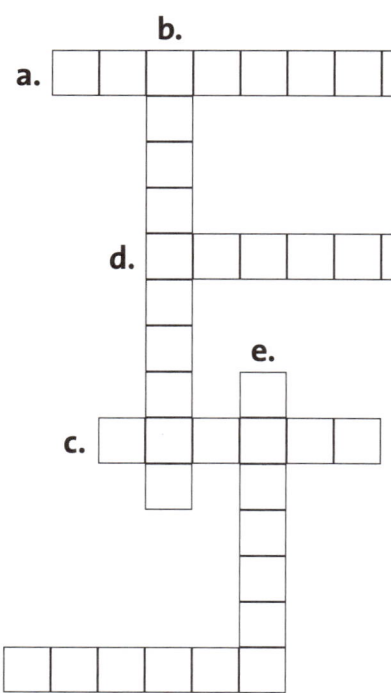

PRODUCTION ÉCRITE

3 Répondez aux questions suivantes.

a. Quelle est votre ville européenne préférée ?
....

b. Quel(s) pays francophone(s) européen(s) connaissez-vous ?
....

c. Dans quel pays francophone européen vous imaginez-vous vivre ?
....

Cap sur les Amériques

VOCABULAIRE

1 Retrouvez les mots de la leçon.

a. N-L-A-P → P ....
b. C-I-P-A-T-A-L-E → C ....
c. E-L-L-I-V → V ....
d. L-A-I-S-P-A → P ....
e. Q-U-E-L-I-S-I-B-A → B ....
f. A-S-C-A-D-E-C → C ....

COMPRÉHENSION ÉCRITE

2 Voici un plan de la ville de Québec, la partie du Vieux-Québec. Retrouvez les lieux historiques sur le plan.

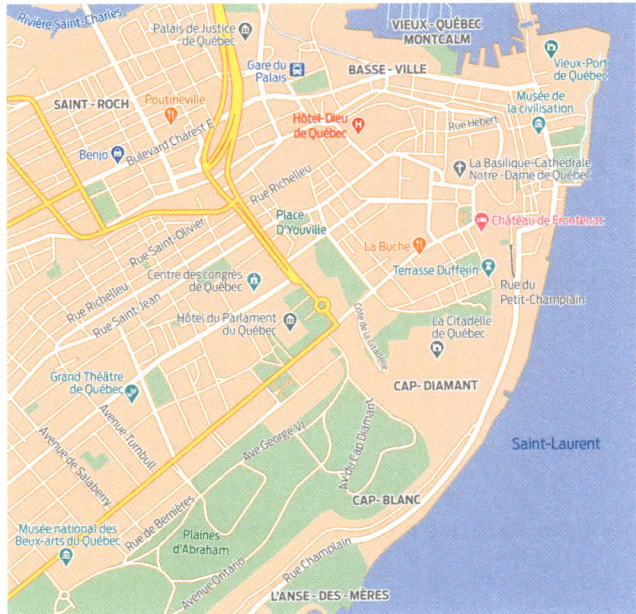

a. La Citadelle est un fort situé sur le Cap-Diamant.
b. La rue du Petit-Champlain, en bord de mer, est caractérisée par des magasins d'artisans locaux.
c. Le Château Frontenac est l'hôtel le plus photographié au monde.
d. L'Hôtel du Parlement est le premier site historique national du Québec.
e. Les Plaines d'Abraham accueillent des manifestations culturelles et sportives tout au long de l'année.
f. Le Vieux-Port est la zone des antiquaires.

Tour du monde en français • Unité 0

UNITÉ 0 — Tour du monde en français

PRODUCTION ÉCRITE

3 Cherchez sur Internet le plan de votre ville. Écrivez une liste avec les noms des 6 points les plus importants à visiter.

....

....

Cap sur la classe !

COMPRÉHENSION ORALE

1 🔊 05 Écoutez et remettez les actions 1 à 10 dans l'ordre.

2 🔊 06 Écoutez puis complétez le programme de Marie avec les jours de la semaine.

....	....	....	....	....	....	....
Parler en français avec une amie	Écouter de la musique française	Cours de français	Cours de français	Lire un article de journal en français	Étudier mes leçons de français	Voir un film en français

COMPRÉHENSION ORALE

3 Demandez à votre voisin.

    a. Quel jour de la semaine tu as cours de français ?
    b. Quel jour de la semaine tu as une activité de loisir ?
    c. Quelle est ton activité de français préférée ? Lire, écrire, parler, écouter de la musique, voir des films ?
    d. Tu es né(e) quel mois de l'année ?
    e. Quel est le mois de l'année que tu aimes le moins ?

PRODUCTION ÉCRITE

4 Écrivez la liste de tous les mois de l'année qui ne contiennent pas la lettre *e* puis écrivez la liste de tous les mois de l'année qui contiennent plus de 7 lettres.

....

BILAN

1 Lisez les phrases suivantes et dites si les affirmations sont vraies (V) ou fausses (F).

	V	F
a. Vous rencontrez votre professeur dans la rue. Vous dites « salut ».		
b. Il est 20h. Votre voisin vous dit « Bonsoir ».		
c. Il est 12h30. Vous partez manger au restaurant. Vous dites à vos collègues « à bientôt ! ».		
d. Vous êtes dans l'ascenseur avec votre voisin. Vous sortez et vous dites « au revoir ».		
e. Vous demandez un service à une amie. Vous dites « s'il te plaît ».		
f. Pour répondre à une personne qui vous dit « merci », vous dites "désolée ».		

2 🔊 07 Écoutez une personne épeler le nom de 6 villes francophones et complétez le tableau.

a.	
b.	
c.	

d.	
e.	
f.	

3 Donnez une instruction à toute la classe. Inspirez-vous des dessins suivants :

4 Trouvez dans la grille les mots.
janvier – juillet – septembre – vendredi – dimanche – jeudi

P	R	I	D	X	I	O	A	B	A	F	H	X	J
F	G	S	B	I	E	N	T	O	T	J	P	F	P
R	J	V	E	N	D	R	E	D	I	N	E	X	H
D	P	D	U	P	U	I	O	J	I	S	I	M	B
E	H	X	Y	T	T	A	P	O	C	A	R	I	E
H	J	U	I	L	L	E	T	U	N	Q	P	O	I
U	E	A	T	P	O	O	M	R	U	S	D	I	P
D	U	S	X	G	H	S	U	B	L	Z	R	Y	M
P	D	D	J	A	N	V	I	E	R	Q	S	D	X
S	I	W	X	C	E	I	E	I	O	E	S	A	E
N	X	S	M	D	I	M	A	N	C	H	E	K	T
A	W	P	I	T	R	E	O	P	S	G	Z	R	R

5 Écrivez 10 mots étudiés dans l'unité.

....

....

UNITÉ 1 — Bienvenue

LEÇON 1 • Destination francophonie

GRAMMAIRE

1 Complétez avec le verbe *être*.
a. Oumar .... sénégalais.
b. Leila et Alima .... marocaines.
c. .... Pablo et Federico, vous .... portugais ?
– Non, nous .... espagnols.
d. – Emma, tu .... belge ?
– Non, je .... canadienne.

2 Complétez le tableau des adjectifs de nationalité.

Masculin	Féminin
tunisien	
	française
	américaine
suédois	
	grecque
russe	

3 Soulignez la bonne réponse.
a. Marigold est une marque québécois / québécoise.
b. Wafa Assurance est une marque entreprise marocain / marocaine.
c. Rome est une ville italien / italienne.
d. Peter est de nationalité australien / australienne.
e. Paul est luxembourgeois / luxembourgeoise.

COMPRÉHENSION ORALE

4 🔊 08 Masculin ou féminin ? Écoutez et cochez la bonne réponse.

	Masculin	Féminin
a.		
b.		
c.		
d.		
e.		
f.		
g.		
h.		

Unité 1 • Bienvenue

COMPRÉHENSION ÉCRITE

5 Répondez aux questions.

NOM : DUBOIS
PRÉNOM : Jean-Paul
NATIONALITÉ : français

NOM : PAGE
PRÉNOM : Ellen
NATIONALITÉ : canadienne

NOM : VIZOREK
PRÉNOM : Alex
NATIONALITÉ : belge

a. Quelle est la nationalité d'Alex Vizorek ?
....

b. Ellen Page est anglaise ?
....

c. Quel est le prénom de la personnalité française ?
....

d. Qui est canadienne ?
....

e. Quel est le nom de l'humouriste belge ?
....

6 Cochez la bonne réponse : Tu ou Vous.
Que dites-vous dans les situations suivantes ?

	Tu	Vous
a. à un collègue que vous rencontrez dans la rue		
b. à une amie		
c. à un agent qui demande votre visa		
d. à votre professeur		
e. à un étudiant de la classe		
f. à un groupe d'amis		

PRODUCTION ÉCRITE

7 Répondez aux questions.

a. Comment tu t'appelles ?
....

b. Quelle est ta nationalité ?
....

c. Écris 3 marques de produits francophones.
....

UNITÉ 1

LEÇON 2 ▪ Bonjour, comment ça va ?

VOCABULAIRE

1 Associez pour former des mots.

POLI • • PIER
POM • • CIER
PLOM • • TAIRE
SECRÉ • • BIER
AVO • • CIN
MÉDE • • CAT

2 Écrivez 3 noms de métiers au masculin et 3 au féminin.

Masculin	Féminin
Exemple : plombier	Exemple : coiffeuse
a.	d.
b.	e.
c.	f.

GRAMMAIRE

3 Trouvez le masculin et le féminin.

Masculin	Féminin
un	une médecin
un	une informaticienne
un	une coiffeuse
un policier	une ....
un avocat	une ....
un	une pompière

4 Complétez avec *un, une, des*.

a. .... informaticienne
b. .... policiers
c. .... coiffeuse
d. .... avocat
e. .... plombier
f. .... professeure

12 Unité 1 • Bienvenue

5 **Complétez avec *un*, *une*, *des*.**

a. Lindt est la marque .... chocolats.
b. Chanel n°5 est .... parfum français.
c. Cloé et Manon sont .... avocates de J&co.
d. .... informaticienne répare les ordinateurs.
e. .... policiers maintiennent l'ordre dans la rue.

6 **Complétez le dialogue avec *au*, *en*, *du*, *de*.**

Réunion de présentation des nouveaux collègues.

Olivier : Bonjour et bienvenue à tous !
N'gou : Je m'appelle N'gou Mobidi et je viens .... Togo.
Rachid : Moi, c'est Rachid Benaoui et j'habite .... Maroc.
Ludivine : Moi, c'est Ludivine Mallet et je viens .... Belgique.
Natasha : Alors moi, c'est Natasha Johnson et je viens .... Canada.
Hakima : Et moi, c'est Hakima Kessaf et j'habite .... Tunisie.

PHONÉTIQUE

7 🔊 09 **Écoutez et cochez le bon son.**

a. ☐ [f] ☐ [v]   d. ☐ [ʃ] ☐ [ʒ]
b. ☐ [p] ☐ [b]   e. ☐ [z] ☐ [s]
c. ☐ [f] ☐ [v]   f. ☐ [r] ☐ [l]

8 🔊 10 **Écoutez et cochez l'intrus.**

	1	2	3
a. Quel mot n'a pas le son [z] ?			
b. Quel mot n'a pas le son [l] ?			
c. Quel mot n'a pas le son [r] ?			

	1	2	3
d. Quel mot n'a pas le son [ʒ] ?			
e. Quel mot n'a pas le son [f] ?			
f. Quel mot n'a pas le son [b] ?			

COMPRÉHENSION ORALE

9 🔊 11 **Écoutez et complétez.**

Prénom	Pays	Profession
a. Aude		
b. Luc		
c. Dimitri		
d. Aliko		
e. Matilda		

Bienvenue • Unité 1

UNITÉ 1

LEÇON 3 ▪ Premiers pas à la fac

VOCABULAIRE

1 Trouvez dans la grille les mots.
expéditeur – destinataire – pièce jointe – courriel – email – arobase – tiret – point

P	C	O	U	R	R	I	E	L	O	X
A	I	D	A	Z	E	T	I	D	I	G
Q	L	E	Q	S	D	A	Z	Z	U	Y
S	O	S	C	F	M	F	H	J	J	E
X	K	T	P	E	S	X	C	O	P	X
C	I	I	M	B	J	P	F	G	H	P
D	U	N	L	A	R	O	B	A	S	E
E	J	A	O	A	U	I	I	U	R	D
R	N	T	I	T	Y	N	P	N	P	I
F	H	A	U	E	I	T	K	J	T	T
V	T	I	R	E	T	X	C	V	N	E
B	Y	R	H	R	T	Y	I	O	P	U
G	T	E	V	C	X	W	S	D	F	R

2 Complétez le texte avec les mots.
bonjour – expéditeur – merci – email – destinataire – cordialement – est-ce que

.... : julieleblanc21@univ-paris3.fr
.... : secretariat@univ-paris3.fr
....

.... Madame Durieux,
Pour le café pédagogique, c'est vous qui envoyez un .... avec les informations ?
.... c'est à la faculté ?
.... d'avance,
....................,

Julie Leblanc.

GRAMMAIRE

3 Voici les réponses. Trouvez la question.

a. ....
– Non, ce n'est pas une ville de France.

b. ....
– Oui, c'est la capitale de Belgique.

c. ....
– Oui, c'est un étudiant étranger.

d. ....
– Oui, c'est une étudiante japonaise.

PHONÉTIQUE

4 🔊 12 Écoutez et répétez.
a. J'habite aux Açores.
b. C'est un étudiant suisse.
c. C'est une ville africaine.
d. Vous êtes canadien ?
e. On est étudiants.
f. Nous sommes italiens.

5 🔊 13 Écoutez et soulignez toutes les liaisons entendues.
a. Est-ce que c'est une ville des Etats-Unis ?
b. Vous habitez dans la capitale ?
c. C'est une professeure.
d. C'est un pays francophone.
e. Ce sont mes amis.

COMPRÉHENSION ORALE

6 🔊 14 Écoutez et écrivez les adresses mails des étudiants.

a. ....
b. ....
c. ....
d. ....

COMPRÉHENSION ÉCRITE – PRODUCTION ÉCRITE

7 Observez le document et répondez aux questions.

a. Le document présente :
☐ une fête   ☐ un café linguistique   ☐ une réunion

b. Quelles sont les dates proposées ? Écrivez les mois en toutes lettres.
1. ....
2. ....
3. ....
4. ....
5. ....
6. ....

c. Associez.
1. adresse électronique •
2. numéro de téléphone •
3. adresse postale •
4. site Internet •

• a. 05 46 41 16 36
• b. www.infojeunesse17.com
• c. cdij17@yahoo.fr
• d. 12 rue Fleuriau – La Rochelle

CDIJ17 CAFE LINGUISTIQUE sept - déc 2019
de 18h à 20h
au salon de thé ludo-créatif & bar festif
Les 3 canons
La Rochelle
8 passage de la goélette (Le Gabut)

24 SEPT   12 NOV
08 OCT   26 NOV
29 OCT   10 DÉC

Centre Départemental Information Jeunesse
12 rue Fleuriau - La Rochelle
05 46 41 16 36 · cdij17@yahoo.fr
www.infojeunesse17.com

Bienvenue • Unité 1

UNITÉ 1

LEÇON 4 • Votre billet s'il vous plaît

VOCABULAIRE

1 Associez pour former des mots.

CONTRÔ • • TIE
PASSE • • TEUR
PER • • LEUR
GARAN • • TURE
VOI • • TION
CONDUC • • MIS
LOCA • • PORT

2 Complétez les phrases avec les mots.

carte d'identité – paiement – carte de crédit – billets – garantie – permis de conduire.

a. Dans un train, le contrôleur vérifie les ....

b. Pour un contrôle d'identité, la police peut demander le .... ou la ....

c. .... par carte seulement.

d. La .... est de 250 euros.

e. Vous avez une .... pour le paiement ?

COMPRÉHENSION ORALE

3 🔊 15 Écoutez et répondez aux questions.

a. Vrai ou faux ?

	V	F
1. Mme Farhat parle d'une location de voiture.		
2. Mme Farhat doit présenter deux pièces d'identité.		
3. Mme Farhat a une carte de crédit ?		

b. Soulignez les mots que vous entendez.

bonsoir – louer – véhicule – permis de conduire – voici – carte de crédit – à bientôt

COMPRÉHENSION ÉCRITE

4 Complétez le formulaire suivant.

> 🚗 **location voiture**
>
> 1. SÉLECTIONNER   2. OPTIONS   **3. RÉSERVER**   4. CONFIRMER
>
> **RÉSERVEZ VOTRE VOITURE DE LOCATION**
> INFORMATIONS CONDUCTEUR
>
> **Nom :** ....
> **Prénom :** ....
> **Adresse mail :** ....
> **Téléphone :** ....

5 Transformez avec *tu* ou *vous*.

a. Tu as une carte de crédit ?
– ....

b. Est-ce que vous étudiez à l'université de Liège ?
– ....

c. Où est-ce que vous allez ?
– ....

d. Tu as un permis de conduire et une carte d'identité ?
– ....

e. Vous êtes français ?
– ....

6 Transformez les expressions soulignées avec le vouvoiement.

Employé : Bonjour !
Madame Perez : Bonjour, c'est pour louer une voiture du 10 au 15 septembre.
Employé : Oui, très bien. Est-ce que <u>tu as</u> un passeport et un permis de conduire, <u>s'il te plaît</u> ?
– : ....
Madame Perez : Oui, voilà.
Employé : Merci.
Madame Perez : <u>Je t'en prie</u>.
– : ....
Employé : Il y a une garantie de 200 euros. <u>Tu as</u> une carte de crédit ?
– : ....
Madame Perez : Oui.
Employé : Merci. <u>Tu vas où</u> ?
– : ....
Madame Perez : Je vais à Saint-Denis. C'est loin ?
Employé : Non, 1h30 de route.
Madame Perez : Parfait, merci.
Employé : Bonne route !

BILAN GRAMMAIRE

1 Conjuguez le verbe *être*.
   a. Je .... québécois et je travaille en Suisse.
   b. Nous .... d'origine africaine.
   c. Tu .... professeur à l'université ?
   d. Quel .... votre métier ?
   e. C'............... une entreprise francophone ?
   f. Vous .... de quelle nationalité ?

2 Associez le début et la fin des phrases.
   Il est   •   • argentins.
   Ils sont   •   • turque.
   Elle est   •   • brésiliennes.
   Elles sont   •   • canadien.

3 Associez les questions et les réponses.
   Quelle est votre nationalité ?   •   • Je m'appelle Elena.
   Est-ce que vous avez votre permis de conduire ?   •   • Nous sommes sénégalais.
   Quelle est ta profession ?   •   • Je suis informaticienne.
   Comment tu t'appelles ?   •   • Non, ce n'est pas une marque française.
   Est-ce que c'est une marque française ?   •   • Oui, j'ai mon permis de conduire.

4 Remettez les phrases dans l'ordre.
   a. espagnole / est / de / nationalité / Elle /.
   b. Vous / professeur / ou / êtes / étudiant / ?
   c. marque / Est-ce que / une / c'est / canadienne / ?
   d. n' / pas / une / suisse / marque / est / Ce /.
   e. C'est / voiture/ de / pour / location / une /.

5 Complétez comme dans l'exemple.
   Exemple : Monsieur Debré / Suisse/ Canada. → *Monsieur Debré vient de Suisse et il habite au Canada.*
   a. Madame N'guyen / Vietnam / France. → ....
   b. Monsieur Benkou / Maroc / Belgique. → ....
   c. Madame Gontrand / France / Tunisie. → ....
   d. Monsieur Malikou / Niger / Luxembourg. → ....
   e. Madame Niwa / Japon/ Suisse. → ....

6 Complétez avec *un, une, des*.
   • Dans ce sac, il y a : .... téléphone, ... chocolats, ... parfum.
   • Dans ce sac, il y a : .... carte d'identité, ... permis de conduire, ... photos, ... billet de train, ... cartes de crédit.

7 Associez pour former des phrases et écrivez-les.

Prénoms	Verbe être	Articles	Professions	Nationalités
a. Luc et Simon	est	un	ingénieurs	françaises
b. Malik	sont	des	professeur	québécois
c. Déborah	sont	une	chanteuse	turc
d. Clara et Maëva	est	des	étudiantes	suisse

a. ....
b. ....
c. ....
d. ....

BILAN VOCABULAIRE

1 Trouvez dans la grille le top 10 des prénoms francophones.

Emma – Jade – Alice – Chloé – Ambre – Gabriel – Raphaël – Lucas – Hugo – Maël

R	G	A	D	D	V	B	T	Y	O	M
Z	A	M	B	R	E	D	J	H	I	M
S	B	P	E	Q	O	C	L	A	H	I
E	R	E	H	A	S	D	F	J	D	K
M	I	O	M	A	Ë	L	S	D	F	E
M	E	T	J	L	Ë	K	H	D	F	G
A	L	I	C	E	P	L	U	C	A	S
A	Z	E	T	Y	U	O	G	G	D	S
Q	X	B	M	C	H	L	O	E	H	K

2 Complétez les mots croisés.
1. Volkswagen est une marque ....
2. Huawei est une marque ....
3. Lindt est une marque ....
4. Olivier Giroud est un footballeur ....
5. Barak Obama est un président ....
6. Les Princes William et Harry sont ....

3 Soulignez l'intrus.
a. un passeport – une carte d'identité – un permis de conduire – une carte de crédit
b. un email – un courriel – une adresse électronique – une pièce jointe
c. arobase – tiret – point – alphabet
d. salut – je vous remercie – cordialement – bonjour madame
e. un destinataire – un expéditeur – une pièce jointe – un visa

4 Associez le début et la fin de la phrase.

Un étudiant • • travaille dans un tribunal.
Une informaticienne • • éteint les incendies.
Un pompier • • maintient l'ordre
Un avocat • • coiffe les personnes.
Une policière • • étudie à la faculté.
Une coiffeuse • • est une spécialiste de l'informatique.

5 Retrouvez le mot.
a. Je suis un espace et j'accueille beaucoup de voyageurs. Je suis un A _ _ _ _ _ T
b. Je suis la personne qui donne des cours. Je suis un P _ _ _ _ _ _ _ R
c. Je viens du Ghana et j'étudie en France. Je suis un étudiant… É _ _ _ _ _ _ R
d. Sacramento est la C _ _ _ _ _ E de la Califormie.
e. Je suis obligatoire pour effectuer un voyage en train. Je suis le B _ _ _ _ T

6 Écrivez 10 mots étudiés dans l'unité.

....
....
....

Bienvenue • Unité 1

UNITÉ 2 — Des métiers de rêve ?

LEÇON 1 • Silence, on tourne.

VOCABULAIRE

1 Trouvez dans la grille les mots.

audition – acteurs – film – photographe – réalisateur – scénario – scénariste

A	S	S	A	S	D	G	F	P	T	T	H	S
Q	X	C	P	M	G	N	J	H	E	A	J	E
R	W	E	U	Y	A	S	N	O	D	Y	U	V
S	E	N	K	J	O	C	W	T	Q	Z	R	E
X	B	A	U	D	I	T	I	O	N	D	D	T
C	V	R	L	X	C	V	B	G	R	F	K	O
E	N	I	F	I	L	M	I	R	A	C	H	I
D	M	S	E	R	S	H	K	A	Z	A	I	U
G	X	T	Y	T	I	A	H	P	G	C	O	R
H	A	E	U	I	K	D	T	H	V	T	P	T
J	E	S	D	F	H	K	M	E	F	E	K	G
L	T	G	B	N	I	P	Y	E	U	U	F	C
P	Y	E	R	Z	S	C	E	N	A	R	I	O
U	H	D	F	E	J	L	O	Y	E	S	Z	D

2 Retrouvez les mots de la leçon.

a. L-Ô-R-E → R ....
b. L-E-N-T-A-T → T ....
c. C-E-T-R-I-C-A → A ....
d. M-É-C-I-N-A → C ....
e. B-R-E-C-É-L-È → C ....

3 Complétez le texte avec les mots.

scénariste – photographe – ingénieur – réalisateur

a. Denis Villeneuve est un .... québécois.
b. Roger Deakins est un célèbre .... de cinéma.
c. Un .... écrit le scénario d'un film.
d. Un .... du son travaille pour le cinéma par exemple.

GRAMMAIRE

4 Soulignez la bonne réponse.

a. Vous avons / avez une carte de visite ?
b. Tu as / a un grand rôle dans le film.
c. Ils ont / avons deux enfants.
d. Elle ont / a 30 ans.
e. Tu ai / as un métier formidable !

5 Complétez avec le verbe *avoir*.

a. – Tu .... quel âge ?
   – J'.................... 47 ans.
b. Ils .... beaucoup de talent.
c. Elle .... beaucoup d'expérience.
d. Nous .... trois enfants.
e. Vous .... le scénario du film ?

6 Soulignez la bonne réponse.

a. je travaille / travailles
b. nous présentez / présentons
c. tu demande / demandes
d. vous préparez / préparent
e. elles corrigent / corrige
f. il réalise / réalisent
g. elle appelle / appele

7 Complétez les mots croisés.

1. Ils .... (travailler) ensemble.
2. Vous .... (corriger) le script du film.
3. Il .... (tourner) le film.
4. Tu .... (présenter) les acteurs.
5. Je .... (passer) une audition demain.
6. Elle .... (réaliser) des films à succès.
7. Nous .... (appeler) le réalisateur.

PRODUCTION ÉCRITE

8 Lisez le texte et répondez aux questions.

> Rebecca Zlotowski est réalisatrice et scénariste. Elle a 40 ans et beaucoup de talent ! Elle tourne des films à grand succès comme *Belle Épine*, *Grand Central*, *Planetarium* et *Fille Facile* et gagne beaucoup de prix. Des acteurs comme Léa Seydoux, Guillaume Gouix ou Nathalie Portman ont des rôles dans les films de Rebecca Zlotowski.

a. Complétez la fiche.

Nom : ....
Prénom : ....
Âge : ....
Titre des films réalisés : ....

b. Vrai ou faux ?

1. Rebecca Zlotowski écrit et réalise des films.
   ....
2. Les films de Rebecca Zlotowski ont beaucoup de succès.
   ....
3. Léa Seydoux est photographe de cinéma.
   ....

PRODUCTION ORALE

9 Formulez des questions à votre voisin. Utilisez *Pourriez-vous…?*

Exemple : Pourriez-vous épeler votre nom s'il vous plaît ?

Des métiers de rêve ? • Unité 2

UNITÉ 2

LEÇON 2 • Passion nature

VOCABULAIRE

1 Écrivez 5 noms d'animaux africains.

....

2 Trouvez dans la grille les mots.
animaux – crocodile – forêt – gorilles – oiseaux – parc – safari – savane – touristes.

A	T	S	P	S	C	S	V	T	U	J	L	P	A	R	C	B	I
Q	F	A	M	C	M	R	G	A	Y	F	U	T	N	Y	F	R	H
S	V	F	U	T	P	F	O	R	E	T	D	E	I	B	A	Y	G
D	R	A	S	O	L	I	R	C	Y	J	G	D	M	F	F	H	R
Y	Y	R	E	K	J	N	I	H	O	I	S	E	A	U	X	O	E
U	R	I	Z	R	T	X	L	X	P	D	M	S	U	D	F	R	S
O	J	A	E	F	F	G	L	C	X	S	I	D	X	C	B	Y	C
T	O	U	R	I	S	T	E	S	S	G	M	L	W	D	C	J	L
L	G	C	V	B	E	T	S	A	V	A	N	E	E	S	Z	N	I

GRAMMAIRE

3 Classez dans le tableau les mots.
la savane – le conservateur – les visites – les buffles – la panthère noire – les enfants – le chauffeur

Masculin singulier	Féminin singulier	Pluriel

4 Complétez avec un article défini.

un éléphant
→ l'éléphant

des gorilles
→ .... gorilles

une girafe
→ .... girafe

22 Unité 2 • Des métiers de rêve ?

une panthère noire → .... panthère noire

un perroquet gris → .... perroquet gris

des buffles → .... buffles

des oiseaux → .... oiseaux

un lion → .... lion

5 **Soulignez les mots pluriel.**

conservateur – adultes – singes – éléphant – forêts – savane – réservations – éco-guides – safari – visiteurs

6 **Transformez au pluriel.**

a. le touriste : ....

b. l'enfant : ....

c. la visite : ....

d. le chauffeur : ....

e. la sortie : ....

f. le parc : ....

PHONÉTIQUE

7 🔊 16 **Écoutez et cochez.**

	a.	b.	c.	d.	e.	f.
Singulier						
Pluriel						

UNITÉ 2

LEÇON 3 • Styliste en vogue

VOCABULAIRE

1 Complétez avec les mots.

le défilé – la mannequin – la séance photo – la nouvelle collection – la styliste

a. .... b. .... c. ....

d. .... e. ....

2 Soulignez l'intrus.
a. mode – cinéma – défilé
b. styliste – mannequin – réalisateur
c. vêtements – parfums – chocolats
d. nouvelles destinations – nouvelles collections – nouvelles tendances

GRAMMAIRE

3 Complétez avec des pronoms toniques.
a. – ...., je suis la nouvelle styliste, et toi ?
b. – ...., ils sont mannequins, et vous ?
c. – ...., nous adorons les défilés de mode.
d. – ...., il déteste la mode !
e. – ...., elle adore les collections de Marine Serre.
f. – Et ...., tu t'appelles comment ?

4 Construisez une question avec *quand*.

a. ....

– Le défilé a lieu le samedi 14 décembre.

b. ....

– La soirée commence à 20h30.

c. ....

– Je travaille du lundi au samedi.

d. ....

– La styliste présente la collection d'été la semaine prochaine.

COMPRÉHENSION ORALE

5 Numérotez le dialogue de 1 à 5.

☐ – Merci Madame ! Au revoir !

☐ – À 17h.

☐ – Bonjour Madame, pourriez-vous me dire quand a lieu la soirée mode ?

☐ – Le 9 novembre.

☐ – Et quand commence les défilés ?

COMPRÉHENSION ÉCRITE

6 🔊 17 Écoutez et complétez les phrases.

a. Elle mesure 1 mètre ....

b. Il pèse .... kilos.

c. Il mesure 1 mètre ....

d. Elle pèse .... kilos.

e. Il pèse .... kilos.

f. Elle mesure 1 mètre ....

7 🔊 18 Écoutez et écrivez les numéros de téléphone.

a. ....

b. ....

c. ....

d. ....

Des métiers de rêve ? • Unité 2   25

UNITÉ 2

LEÇON 4 • C'est tout nouveau !

VOCABULAIRE

1 Associez les phrases et les photos.

1. Voici ton bureau.
2. Enchantée !
3. Bienvenue !
4. Excusez-moi, je cherche le bureau 76.

a. ....

b. ....

c. ....

d. ....

PHONÉTIQUE

2 🔊 19 Écoutez et répétez.
a. Il est où le bureau 46 ?
b. Tu es au bureau ?
c. Elle a un bon travail ?
d. Tu as un ordinateur ?
e. Il a un rendez-vous jeudi ?

COMPRÉHENSION ORALE

3 🔊 20 **Écoutez et complétez le message du répondeur.**

« ...., vous êtes bien sur la .... de Nathalie Guillot. Merci de me laisser un .... Bonne .... ! »

COMPRÉHENSION ÉCRITE

4 Numérotez les dialogues de 1 à 5.

Situation 1
- ☐ – Ah, salut Karina ! Ça va ?
- ☐ – Oui, oui, je confirme.
- ☐ – Okay, à demain alors ! Ciao !
- ☐ – Oui, oui ça va ! Je ne te dérange pas longtemps, c'est juste pour confirmer le rendez-vous de vendredi.
- ☐ – Allô, c'est moi Karina !

Situation 2
- ☐ – Bonjour Laïs et bienvenue à vous !
- ☐ – Allô. Je m'appelle Laïs Andrade. Je suis nouveau ici.
- ☐ – Oui, bien sûr, c'est le 42 au troisième étage.
- ☐ – D'accord, j'arrive !
- ☐ – Merci ! Pourriez-vous me dire où est votre bureau ?

PRODUCTION ÉCRITE

5 Écrivez un dialogue avec :

Bonjour – je vous présente – enchanté – pourriez-vous... – bureau – merci

Des métiers de rêve ? • Unité 2

BILAN GRAMMAIRE

1 Conjuguez les verbes.
   a. – Bienvenue Yann ! Je te .... (présenter) les collègues !
      – Enchanté Yann !
   b. – J'................... (avoir) 36 ans et vous, vous .... (avoir) quel âge ?
      – 42 ans.
   c. Ils .... (réaliser) des films et ils .... (travailler) avec le scénariste.
   d. Les acteurs Léa Seydoux et Guillaume Gouix .... (avoir) beaucoup de talent !
   e. Tu .... (préparer) le défilé de mode. Ce défilé .... (avoir) 35 mannequins.
   f. Nous .... (avoir) deux enfants. Ils .... (organiser) des évènements culturels.

2 Soulignez l'intrus.
   a. LE : cinéma – réalisatrice – film – scénario
   b. LA : gorille – savane – forêt – réservation
   c. L' : enfant – éco-guide – animal – adultes
   d. LES : stylistes – défilé – mannequins – photographes

3 Transformez avec *le, la, l', les*.
   Exemple : *des* acteurs de cinéma → *les* acteurs de cinéma
   a. un scénario → .... scénarios
   b. une ingénieure du son → .... ingénieure du son
   c. une forêt de gorilles → .... forêt de gorilles
   d. des animaux → .... animaux
   e. un défilé de mode → .... défilé de mode
   f. des mannequins → .... mannequins

4 Complétez avec *le, la, l', les*.
   a. .... buffle et .... éléphant aiment .... savane.
   b. .... oiseaux sont dans .... forêt.
   c. .... touristes préfèrent .... parcs naturels.
   d. .... animal que .... enfants adorent est .... girafe.
   e. Nous n'aimons pas .... panthères noires.

5 Construisez des phrases. Mettez les articles définis et conjuguez les verbes.
   Exemple : *Réalisatrices / réaliser / des films* →
   Les réalisatrices réalisent des films.
   a. Acteurs / avoir / des auditions pour un rôle.
   b. Réalisatrice / tourner / un film.
   c. Scénaristes / expliquer / le scénario aux acteurs.
   d. Éco-guide / organiser / des visites.
   e. Stylistes / préparer / la nouvelle collection.

6 Mettez les phrases dans l'ordre.
   a. je / Lina Ventura. / Moi, / m'appelle
   b. Je / langues, / et toi ? / quatre / parle
   c. il / hiver. / Lui, / la collection / présente
   d. Eux, / dans le bureau 16. / travaillent / ils
   e. un / m'apporter / ordinateur ? / Pourriez-vous
   f. soirée ? / commence / Quand / la

Unité 2 • Des métiers de rêve ?

BILAN VOCABULAIRE

1 🔊 21 Écoutez et associez les phrases à une image.

 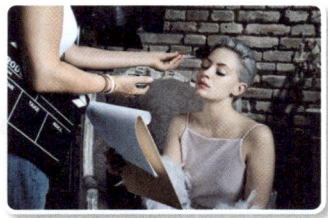  

1. .... 2. .... 3. .... 4. ....

5. .... 6. ....

2 Complétez avec les mots.
léopard – rhinocéros – lion – buffle – zèbre – gorille

3 Écrivez 6 nombres de 60 à 100 avec.
soixante – seize – quatre – douze – vingt – dix – six
Exemple : soixante-six = 66

a. ....
b. ....
c. ....
d. ....

4 Calculez et écrivez en toutes lettres.
Exemple : 60 + 10 = soixante-dix

a. 40 + 4 = ...
b. 50 + 8 = ...
c. 60 + 10 + 5 = ...
d. 60 + 10 + 9 = ...

5 Associez les phrases à une image.
1. Voici ton bureau.
2. Je travaille sur l'ordinateur.
3. À midi, je déjeune avec mes collègues.
4. Je réponds à mes appels téléphoniques.
5. Je présente mon travail.

a. .... b. .... c. .... d. .... e. ....

6 Écrivez 10 mots étudiés dans l'unité.

....
....

UNITÉ 3 — J'adore ma ville

LEÇON 1 · À la découverte des villes francophones

VOCABULAIRE

1 Associez.

- a. CAPI • • FÉ
- b. MAR • • TIER
- c. MOS • • DIN
- d. BU • • CHÉ
- e. QUAR • • REAUX
- f. CA • • TALE
- g. JAR • • QUÉE

2 Complétez les mots croisés. Aidez-vous des images et des mots proposés.

église – monument – port – hôtel – musée – restaurant – mairie – commissariat

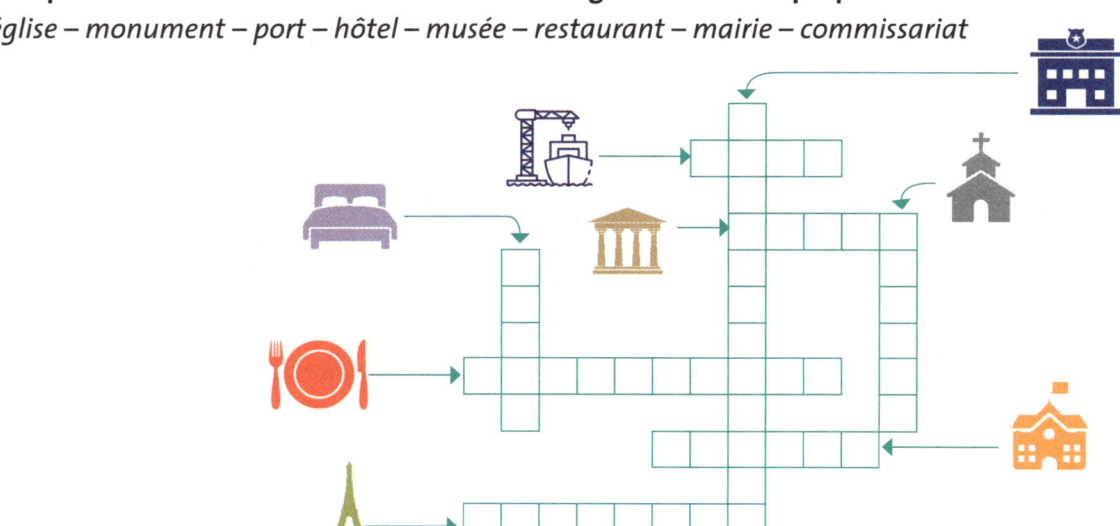

3 Trouvez les mots.

parc – épicerie – poste – salle – sport – bibliothèque – cinéma – bar – historique – gare

Q	U	S	P	O	R	T	Q	H	P	F	Z	X	Ç	D	B	M	D
S	W	M	M	B	I	B	L	I	O	T	H	E	Q	U	E	M	J
U	A	B	A	B	J	L	E	S	S	P	O	O	G	K	B	J	E
H	H	L	J	T	F	I	R	T	T	L	K	B	R	B	A	R	U
A	X	E	L	I	R	Q	G	O	E	Q	Ç	N	U	B	A	U	R
B	F	F	D	E	E	C	H	R	C	U	J	B	J	G	L	R	Q
A	P	C	C	U	R	Q	A	I	U	X	Ç	C	Z	G	L	I	H
L	S	I	J	A	E	Q	J	Q	P	C	I	N	E	M	A	T	X
Y	P	J	P	X	K	S	H	U	T	J	Y	C	P	Q	K	C	X
E	G	C	Q	B	Y	J	O	E	Y	B	G	L	S	W	L	G	O

30 Unité 3 • J'adore ma ville

GRAMMAIRE

4 **Complétez avec *il y a – il n'y a pas*.**
   a. Dans la ville de Casablanca, ... un port important.
   b. Dans la ville de Kinshasa, ... d'arrondissements.
   c. Dans ce quartier, ... de restaurants.
   d. Dans la ville de Paris, ... des musées.
   e. Dans les arrondissements, ... un commissariat et une mairie.

5 **Mettez les phrases à la forme négative.**
   a. Il y a des monuments historiques.
   ....
   b. J'aime les musées.
   ....
   c. Dans la ville, il y a des bureaux.
   ....
   d. Dans la capitale, il y a un jardin botanique.
   ....
   e. Au centre-ville, il y a beaucoup d'immeubles.
   ....

PHONÉTIQUE

6 **Soulignez les lettres qui ne se prononcent pas.**
   a. l'église
   b. un monument historique
   c. dans la capitale
   d. une mosquée
   e. un musée
   f. un restaurant
   g. le port

7 🔊 22 **Écoutez et répétez.**

PRODUCTION ÉCRITE

8 **Écrivez un texte sur votre ville ou votre quartier. Utilisez *il y a – il n'y a pas*.**
....
....
....
....

UNITÉ 3

LEÇON 2 • Vie de quartier

VOCABULAIRE

1 Retrouvez les mots de la leçon.

a. T-H-Ô-L-I-P-A — H ....
b. M-A-R-I-E-G-E- N-D-R-E — G ....
c. Q-U-A-N-B-E — B ....
d. B-I-T-H-È-Q-U-E-B-L-I-O — B ....
e. V- E-R-I-T- É-S-U-N-I — U ....
f. T-H-È-Q-U-E-D-I-M-É-A — M ....

2 Complétez les phrases avec *ici* et *là*.

a. – Où est le cinéma sur le plan ?
  – Il est ...., dans la rue Martel, c'est un peu loin du centre.
b. – Où est le restaurant ?
  – Il est .... ! Devant toi ! Nous sommes arrivés !
c. – Tu habites .... ? — Non, j'habite très loin.
d. – Où est la rue de Marion ?
  – Regarde ! Sur le plan, nous sommes ici. Et nous allons .... C'est loin !

GRAMMAIRE

3 Exprimez des goûts, comme dans l'exemple.

Exemple : Il + 😍 + le cinéma. = Il adore le cinéma. / Il aime beaucoup le cinéma.

a. Tu + 😍 + ton quartier. = ...
b. Je + 😍 + le marché aux puces. = ...
c. Elle + 🤮 + l'école. = ...
d. Ils + 😍 + l'université. = ...
e. Vous + 🤮 + les supermarchés. = ...

4 Remettez les mots dans l'ordre.

a. Ils / le quartier. / pas / n'aiment

....

b. les / bars / du quartier. / J'adore

....

Unité 3 • J'adore ma ville

c. de l'université. / Elle / la bibliothèque / aime

....

d. les / adorons / du quartier. / Nous / commerces

....

e. aux puces. / aimez / le marché / Vous / beaucoup /

....

f. pas / musées / je n'aime / les / de la ville.

....

5 Associez la question et la réponse.

a. Un restaurant, qu'est-ce que c'est ?   •   • 1. Ici, on étudie.
b. Un supermarché, qu'est-ce que c'est ?   •   • 2. Ici, on voit des films.
c. Une université, qu'est-ce que c'est ?   •   • 3. C'est un transport.
d. Un métro, qu'est-ce que c'est ?   •   • 4. Ici, on fait les courses.
e. Un cinéma, qu'est-ce que c'est ?   •   • 5. Ici, on dîne avec les amis par exemple.

COMPRÉHENSION ÉCRITE

6 Lisez les textes et répondez vrai (V) ou faux (F).

 Moi, c'est Agathe ! J'habite dans le 3ᵉ arrondissement de Lyon. J'adore les commerces de la Part-Dieu ! Dans ce quartier, il y a aussi la gare et beaucoup de transports en commun : le métro, le bus, le tramway, c'est très pratique ! Et toi, Salima, qu'est-ce qu'il y a dans ton quartier ?

 Dans mon quartier, il y a beaucoup de bars, de restaurants. J'adore ! J'aime beaucoup le marché aussi ! Et toi Pedro, qu'est-ce qu'il y a dans ton quartier ?

 Dans mon quartier, il n'y a pas beaucoup de commerces mais il y a une grande librairie. Et j'adore le parc ! Il est très agréable !

	V	F
a. Salima habite dans le 3ᵉ arrondissement de Lyon.		
b. Dans le quartier d'Agathe, il y a beaucoup de transports en commun.		
c. Salima n'aime pas le marché.		
d. Il y a beaucoup de commerces dans le quartier de Pedro.		
e. Pedro aime beaucoup le parc.		

UNITÉ 3

LEÇON 3 · Une journée en ville

VOCABULAIRE

1 Écrivez 5 lieux de la ville.

Exemple : un bar

....

....

2 Associez.

a. Elles vont au cinéma.
b. Nous étudions à l'université.
c. Tu fais les courses.
d. Elles prennent le métro.
e. Vous faites du sport.
f. Je prends un café.

a. N° .... b. N° ....
c. N° .... d. N° ....
e. N° .... f. N° ....

GRAMMAIRE

3 Complétez avec la bonne forme du verbe.

a. Je .... (va / vais)
b. Ils .... (font / faisons)
c. Tu .... (prends / prend)
d. Elle .... (prennent / prend)
e. Nous .... (allons / vont)
f. Vous .... (faisons / faites)

4 Complétez avec la conjugaison des verbes.

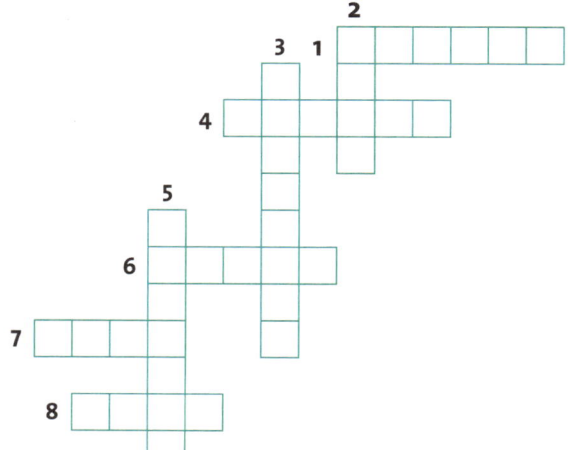

Horizontal

1. Vous ... (faire) les courses.
4. Je ... (prendre) un café avec des amis.
6. Vous ... (aller) dîner avec des amis ?
7. Je ... (aller) au cinéma après les cours.
8. Elles ne ... (aller) pas à l'université.

Vertical

2. Elles ... (faire) de la musique ?
3. Ils ne ... (prendre) pas les transports.
5. Nous ... (faire) du sport après l'école.

5 Complétez avec *devant – derrière – entre – à côté de – sur – loin de*.

a. ....
b. ....
c. ....
d. ....
e. ....
f. ....

6 Complétez comme dans l'exemple, avec le mot contraire.

*Exemple : Il n'habite pas **loin de** la gare. Il habite **près d**e la gare.*

a. La guitare n'est pas **sur** la table. La guitare est .... la table.
b. La bibliothèque n'est pas **devant** l'université. La bibliothèque est .... l'université.
c. La gare n'est pas **près de** l'école. La gare est .... de l'école.
d. La banque n'est pas **derrière** la gendarmerie. La banque est .... la gendarmerie.
e. Mon ordinateur n'est pas **sous** la table. Mon ordinateur est .... la table.

Phonétique

7 🔊 23 Écoutez. Quel son vous entendez ? Cochez la bonne réponse.

	a.	b.	c.	d.	e.	f.	g.
[y]							
[u]							
[o]							
[i]							

8 Cochez la bonne réponse.

a. Quel mot n'a pas le son [y] ?
☐ musée ☐ quartier ☐ sur

b. Quel mot n'a pas le son [u] ?
☐ monument ☐ bonjour ☐ courses

c. Quel mot n'a pas le son [o] ?
☐ mosquée ☐ arrondissement ☐ bureau

d. Quel mot n'a pas le son [i] ?
☐ derrière ☐ immeuble ☐ faire

J'adore ma ville • Unité 3

UNITÉ 3

LEÇON 4 • Ça roule !

VOCABULAIRE

1 Trouvez les mots.

trottinette – tramway – taxi – autobus – scooter – train – bicyclette – métro

T	R	A	I	N	Q	T	N	S	X	X	T	X	P
F	L	Q	H	J	C	L	S	H	J	U	G	E	U
J	X	M	Y	L	D	J	J	S	J	X	U	R	G
T	R	A	M	W	A	Y	I	T	S	Q	F	N	C
P	I	L	H	V	V	Y	A	E	J	X	I	I	P	Z
X	K	G	J	M	A	U	T	O	B	U	S	L	N
I	U	T	R	O	T	T	I	N	E	T	T	E	R
S	L	B	A	Y	H	B	Y	T	L	A	H	Z	J
C	G	R	R	E	Y	R	O	Y	J	X	X	M	H
O	H	E	L	M	Y	Z	F	F	G	I	G	C	B
O	D	N	T	X	W	C	O	Q	C	Q	H	X	L
T	C	D	B	I	C	Y	C	L	E	T	T	E	H
E	F	J	B	O	I	V	I	M	A	S	L	K	I
R	M	E	T	R	O	I	O	C	V	M	A	J	U

2 Associez et écrivez les réponses dans le tableau.

a. porter un casque
b. monter à bord
c. mettre la ceinture
d. donner le billet

1. le taxi
2. le train
3. la trottinette
4. la voiture
5. le RER
6. le scooter
7. l'autobus
8. le vélo

| a. N^{os} .... | b. N^{os} .... | c. N^{os} .... | d. N^{os} .... |

3 Reformez les mots dans les phrases du dialogue.

— Oh la la la ! Non ! Ma voiture est en P.................... (N-A-P-P-E) !
— Qu'est-ce qu'elle a ?
— Je ne sais pas, elle ne D.................... (M-A-R-D-E-R-É) pas !
— Il y a un G.................... (R-A-G-A-G-E) près d'ici ?
— Non, il est L.................... (N-O-I-L)... Et j'ai un rendez-vous important à 10h !
— Alors, prenez les T.................... (S-P-O-R-T-R-A-N-S) ou appelez un T.................... (T-X-A-I) !

36 Unité 3 • J'adore ma ville

GRAMMAIRE

4 Complétez le tableau avec l'impératif.

	pour « TU »	pour « NOUS »	pour « VOUS »
Visiter			
Monter			
Prendre			
Aller			
Démarrer			

5 Formulez les phrases à l'impératif avec les formes de *tu* ou de *vous*.

a. Ma voiture est en panne. .... (*prendre le métro*)
b. Vous êtes sur un scooter. .... (*porter un casque*)
c. Nous n'aimons pas l'autobus. .... (*prendre le tramway*)
d. Tu montes à bord du train. .... (*montrer le billet*)
e. La voiture de Mélanie et Abdel ne démarre pas. .... (*aller au garage*)
f. Je n'ai pas de voiture. .... (*utiliser le service d'autopartage*)

COMPRÉHENSION ORALE

6 🔊 24 Écoutez. Écrivez les verbes à l'impératif.

a. .... d. ....
b. .... e. ....
c. .... f. ....

PRODUCTION ÉCRITE

7 Répondez aux questions.

a. Qu'est-ce que vous aimez dans votre ville ?

....

b. Qu'est-ce que vous prenez comme moyens de transport ?

....

c. Qu'est-ce vous n'aimez pas dans votre quartier ?

....

d. Qu'est-ce que vous faites si votre voiture est en panne ?

....

J'adore ma ville • Unité 3

BILAN GRAMMAIRE

1 Dites le contraire.
Exemple : Ici, il y a un restaurant. → Là, il n'y a pas de restaurant.
   a. Ici, il y a des musées. → ....
   b. Là, il n'y a pas de bars. → ....
   c. Là, il n'y a pas de métro. → ....
   d. Ici, il y a des commerces intéressants. → ....

2 Construisez des phrases. Exprimez les goûts de Chiara.

😍 l'université, la bibliothèque   🤮 les magasins, le sport
Chiara ....   Chiara ....

3 Construisez des questions à l'aide des images.

Exemple : Qu'est-ce que c'est un musée ?

b. ....

a. ....   c. ....

4 Conjuguez avec les verbes *faire, aller* et *prendre* au présent.
   a. Vous .... le métro ?   d. Vous .... du sport ?
   b. Je .... à la médiathèque.   e. Ils ne .... pas le train.
   c. Ils ne .... pas les courses. f. Elles .... au commissariat de police.

5 Complétez avec *dans – près – à côté – devant – loin – derrière*.
   a. Il y a des personnes .... l'immeuble.
   b. Il y a une voiture .... de l'hôpital.
   c. Il y a un parc .... le supermarché.
   d. Il y a un supermarché .... de l'hôpital.
   e. Il y a des personnes .... le parc.
   f. Le restaurant est .... de l'hôpital.

6 Conjuguez les verbes à l'impératif aux deux formes de *tu* et *vous*.
Utilisez les verbes *monter – porter – aller – montrer*.
   a. .... / .... au supermarché !
   b. .... / .... à bord s'il vous plaît !
   c. .... / .... le billet !
   d. .... / .... un casque !

Unité 3 • J'adore ma ville

BILAN VOCABULAIRE

1 Observez l'image. Quels transports il y a ? Quels transports il n'y a pas ?

....

2 Retrouvez les mots.
   a. Je suis un lieu de culte. Je suis une É _ _ _ _ _
   b. La tour Eiffel est un M _ _ _ _ _ _ _ H _ _ _ _ _ _ _ _ _
   c. Nous pouvons retirer de l'argent à la B _ _ _ _ _
   d. Nous faisons les courses dans un S _ _ _ _ _ _ _ _ _ _
   e. Les grandes villes ont une mairie et un C _ _ _ _ _ _ _ _ _ _ _ de P _ _ _ _ _
   f. Dans une ville, il y a des maisons et des immeubles avec des A _ _ _ _ _ _ _ _ _ _ _

3 Soulignez l'intrus.
   a. ville – centre-ville – capitale – train
   b. devant – gare – derrière – sur
   c. cinéma – église – mosquée – synagogue
   d. vélo – bar – tramway – taxi
   e. commerces – magasins – bureaux – supermarchés

4 Complétez le dialogue avec les mots et les expressions suivantes.
quartier – botanique – prends un café – faire du sport – marché aux puces

– Qu'est-ce que tu aimes faire dans le quotidien ?
– J'aime ...., par exemple, du vélo. Et toi ?
– Moi, je n'aime pas beaucoup le sport… J'aime les restaurants avec les amis. Dans mon ...., il y a beaucoup de bars et de restaurants !
– Moi, dans mon quartier, il n'y a pas de restaurants mais il y a un très grand jardin .... et un .... très intéressant !
– J'adore ce bar ! Tu .... avec moi ?

5 Complétez avec des mots de l'unité 3 (verbes, noms, prépositions de lieux).

A comme arrondissement	F	K	Q
B	G	L	R
C	H	M	S
D	I	N	T
E	J	P	V

J'adore ma ville • Unité 3   **39**

ENTRAÎNEMENT AU DELF A1

COMPRÉHENSION ORALE

25 Écoutez et complétez le tableau.

	Dialogue a.	Dialogue b.	Dialogue c.	Dialogue d.
Prénom				
Âge				
Ville et quartier				
Lieux du quartier				
Expression de goûts				

COMPRÉHENSION ÉCRITE

Lisez le document et associez.

> bibliothèque médiathèque villeneuve
>
> Tous   Shopping   Maps   Images   Actualités   Plus   Paramètres   Outils
>
> Environ 922000000 résultats
>
> info@bibliothèquevilleneuve.be
>
> **La Bibliothèque Villeneuve – Bruxelles**
> Bibliothèque-Médiathèque, Rue Alexandre Dumas, 27. 1000 Bruxelles.+32(0)2 219 45 60. Voir sur la carte.

a. Rue Alexandre Dumas, 27. 1000 Bruxelles •   • 1. nom du lieu
b. 02 219 45 60 •   • 2. courriel
c. Bibliothèque-médiathèque Villeneuve •   • 3. numéro de téléphone
d. info@bibliothequevilleneuve.be •   • 4. adresse postale

PRODUCTION ÉCRITE

1 Vous êtes dans une banque à Genève. Complétez le formulaire.

Nom : ....
Prénom : ....
Date de naissance : ....
Nationalité : ....
Courriel : ....

Adresse postale : ....
Pays : ....
Téléphone : ....
Profession : ....
Date : ....

2 Lisez les messages et répondez aux questions.

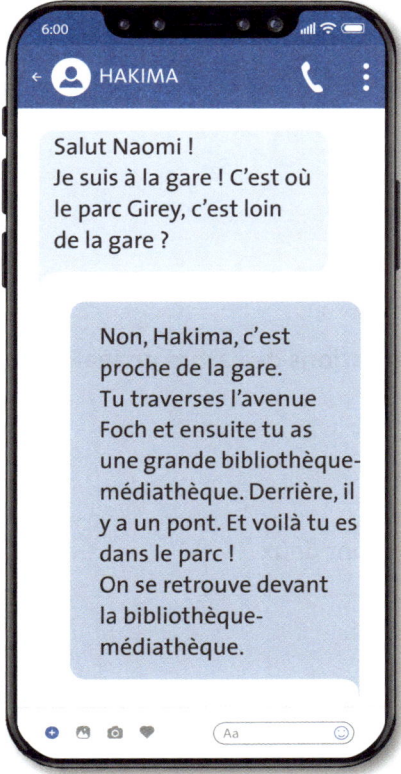

a. Où est Hakima ?
....

b. Le parc Girey est :
- [ ] loin de la gare.
- [ ] derrière la gare.
- [ ] proche de la gare.

c. Naomi et Hakima se retrouvent :
- [ ] dans le parc.
- [ ] devant la bibliothèque-médiathèque.
- [ ] derrière la bibliothèque-médiathèque.

PRODUCTION ORALE

Formulez des questions à l'aide des informations du plan.

Exemple : Est-ce qu'il y a une bibliothèque dans ce quartier ?

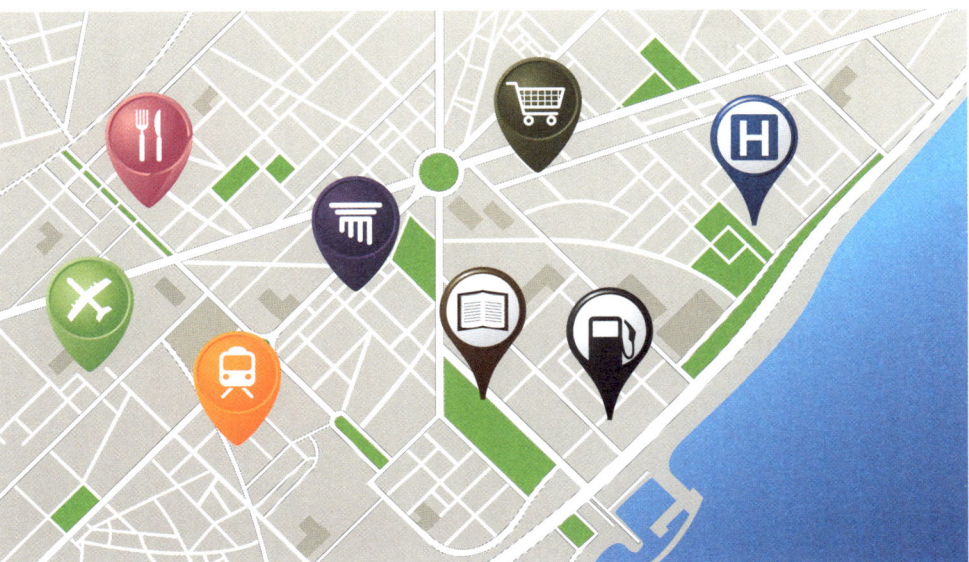

UNITÉ 4 — Nous tous

LEÇON 1 • Quelle famille !

VOCABULAIRE

1 Écrivez 10 mots du vocabulaire de la famille.
Exemple : la petite-fille

....
....
....

2 Complétez les phrases avec le vocabulaire de la famille. Aidez-vous des informations de l'arbre généalogique.

a. Louise est la .... de Roger.
b. Louise et Roger ont deux .... et cinq ....
c. Nicolas est le .... de Laya.
d. Roger est le .... de Kayla et Nathan.
e. Théo est le .... de Vincent et Lydia.
f. Vincent et Lydia sont les .... de Théo, Louna et Joana.
g. Kayla est la .... de Nathan.
h. Joana, Louna et Kayla sont les trois .... de Louise et Roger.

GRAMMAIRE

3 Remettez les mots dans l'ordre.

a. Qui / la femme / à droite / est-ce / ?

....

b. les parents / sont / de / Ce / tes grands-parents.

....

c. ? / est-ce / la personne / en bas / Qui / à gauche

....

d. sont / les enfants / ? / la photo / Qui / sur

....

e. au milieu / la mère / de / C'est / ton grand-père.

....

4 Complétez avec un adjectif possessif.

a. C'est la sœur de Karim. C'est .... sœur.
b. Ce sont les parents de ma meilleure amie. Ce sont .... parents.
c. C'est le mariage de Léna et Goran. C'est .... mariage.
d. – C'est .... père sur la photo ? – Non! C'est son grand-père !
e. – C'est ta soeur, à gauche ? – Non ! C'est .... mère !
f. – Ce sont les trois enfants de mes amis Aminata et Noah. Ce sont .... trois enfants.
g. – .... grands-parents ont beaucoup d'enfants ? – Oui, mes grands-parents ont six enfants !

5 Transformez les phrases d'un seul possesseur à plusieurs possesseurs.
Exemple : Mon fils a 32 ans. → ***Notre** fils a 32 ans.*

a. Ta fille adore voyager ! ....
b. Sa petite-fille est canadienne. ....
c. Tes petits-enfants sont grands ! ....
d. Mes frères vivent à l'étranger. ....
e. Ses parents sont divorcés. ....
f. Mon père n'aime pas les mariages. ....

COMPRÉHENSION ORALE

6 🔊 26 Écoutez et complétez le texte.

Moi, c'est Kévin ! Je prends une photo de .... :
au milieu, ce sont .... À côté de ma mère,
ce sont ...., j'adore être avec eux ! À droite,
la petite fille, c'est ...., Manon. Elle a 10 ans !
À côté de ...., c'est Lise, la sœur
de .... et à gauche c'est Santiago,
.... !

PRODUCTION ÉCRITE

7 Répondez aux questions sur la famille.

a. Comment s'appellent vos parents ?
....

b. Est-ce que vous avez des frères et sœurs ou est-ce que vous êtes enfant unique ?
....

c. Présentez une personne de votre famille (prénom, nationalité, âge).
....

UNITÉ 4

LEÇON 2 · La famille dans tous ses états !

VOCABULAIRE

1 Associez la phrase à un verbe de la liste.

a. Elle ne souhaite plus vivre avec son mari. • • 1. se ressembler
b. J'aime échanger des idées avec ma femme. • • 2. s'amuser
c. En ce moment, ça ne va pas bien avec mon conjoint. • • 3. divorcer
d. J'aime faire les mêmes choses que ma meilleure amie. • • 4. discuter
e. Nous passons un bon moment entre frères et sœurs. • • 5. se disputer

2 Cochez la bonne réponse.

a.
☐ Elle a les cheveux marron et les yeux verts.
☐ Elle a les cheveux roux et les yeux marrons.
☐ Elle a les cheveux roux et les yeux verts.

b.
☐ Il a une barbe et les cheveux très courts.
☐ Il a une barbe et les cheveux longs.
☐ Il a une moustache et les cheveux longs.

c.
☐ Il a une barbe et les cheveux bruns.
☐ Il a une moustache et les cheveux bruns.
☐ Il a une moustache et les cheveux blonds.

d.
☐ Elle a les yeux marron et les cheveux courts.
☐ Elle a les yeux bleus et les cheveux longs.
☐ Elle a les yeux marron et les cheveux longs.

GRAMMAIRE

3 Utilisez *venir de/d'* au présent.

a. Je .... envoyer une carte d'anniversaire à mes parents.
d. Vous .... présenter votre sœur jumelle.
c. Il .... acheter des fleurs à sa femme.
e. Elles .... se disputer : elles sont rarement d'accord !
f. Nous .... offrir un cadeau à nos grands-parents.
g. Tu .... arriver ?

4. Choisissez la bonne réponse.

a. Ma sœur est très .... (*joli / jolie*).

b. J'ai les cheveux .... (*longs / longues*) et les yeux .... (*vert / verts*).

c. Il a une .... (*petit / petite*) sœur et deux .... (*grand frère / grands frère*)

d. Sa .... (*meilleur / meilleure*) amie a les cheveux .... (*roux / rousses*).

e. Son copain est très .... (*grand / grande*) et a les yeux .... (*bleu / bleus*).

PHONÉTIQUE

5. 🔊 27 Soulignez le mot que vous entendez.

a. conjoint – conjointe
b. excellent – excellente
c. court – courte
d. vert – verte
e. petit – petite
f. gratuit – gratuite

COMPRÉHENSION ÉCRITE

6. Cochez l'image qui correspond aux indications des phrases.

La mère est brune. Le père a les yeux bleus. Il a beaucoup de barbe. La mère et la fille ont les cheveux longs.

a.

b.

c.

PRODUCTION ÉCRITE

7. Faites la description physique de l'homme et de la femme. Aidez-vous de la banque de mots.

– être grand – petit – de taille moyenne
– avoir de la barbe – une moustache
– avoir les cheveux blonds – bruns
– avoir les cheveux courts – longs

Nous tous • Unité 4

UNITÉ 4

LEÇON 3 • Les grands événements de la vie !

VOCABULAIRE

1 Complétez les mots fléchés. Aidez-vous des images et des mots proposés.

chapeau – collier – fauteuil – cravate – lit – costume – chaise – lampe

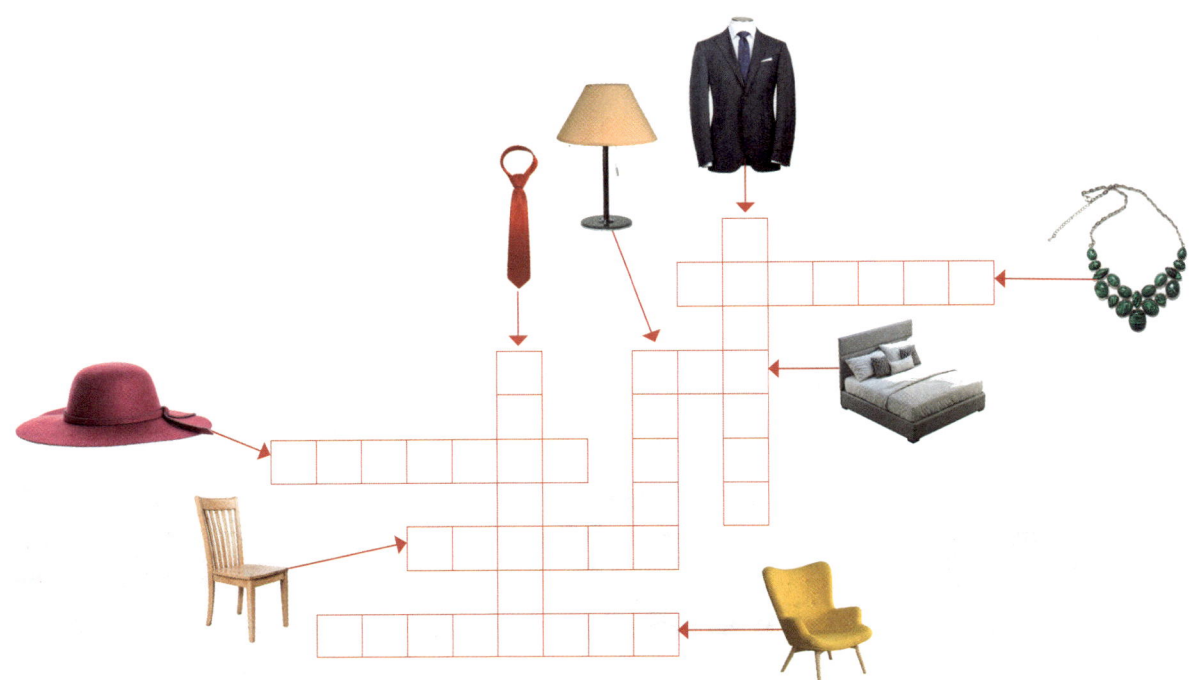

2 Cochez la ou les bonnes réponses.

a. Ce n'est pas un accessoire de cérémonie.
☐ ceinture ☐ sac à main ☐ chemise ☐ chapeau

b. Ce sont des vêtements de cérémonie.
☐ robe cocktail ☐ chemise ☐ pantalon en jean ☐ costume

c. Ce ne sont pas des meubles.
☐ chaussures à talon. ☐ canapé ☐ table ☐ bijou

d. C'est un meuble.
☐ robe longue ☐ veste ☐ commode ☐ atelier

3 Complétez le texte du faire-part de mariage avec les mots.

la cérémonie – réponse souhaitée – le mariage – cocktail festif – rendez-vous – invité(e)

Vous êtes .... à célébrer .... d'**Éléonor et Patrick** le 1ᵉʳ août 2022.
.... à 16 heures au château Bayard pour .... de mariage suivie d'un ....
.... avant le 15 juin.

Éléonor Boisset et Patrick Wouters
27 rue des Moissons, 5352 Perwez BELGIQUE

GRAMMAIRE

4 Placez les adjectifs correctement.
   a. (*rouge*) – une ceinture
   b. (*beau*) – un bijou
   c. (*petit*) – un sac à main
   d. (*belle*) – une cérémonie
   e. (*colorée*) – une cravate
   f. (*élégant*) – un costume
   g. (*festif*) – un cocktail
   h. (*joli*) – un faire-part
   i. (*bon*) – un restaurant
   j. (*mignonne*) une fille

5 Complétez avec un adjectif de la liste.
jolies – sublime – colorés – élégant – mignonne – rouge – chics

– Regarde maman ! C'est la photo de mariage de Pierre et Célia !
– La mariée est .... et le marié très .... !
   Et les parents sont très .... ! C'est la grand-mère de Célia à droite ?
– Oui !
– Elle a des vêtements très .... !
   Qui sont les deux filles avec un chapeau .... ?
– Ce sont les sœurs jumelles de Pablo !
– Elles sont très .... ! Et toi, ma fille, tu es très .... !

COMPRÉHENSION ORALE

6 🔊 28 Écoutez et répondez aux questions.
   a. Est-ce que l'installation de Loubna et Dalan est récente ? Justifiez votre réponse.

   b. Quel meuble n'est pas design ?

   c. Écrivez le nom des quatre meubles design de Loubna et Dalan.
      1.
      2.
      3.
      4.
   d. Qui est Salema ?

UNITÉ 4

LEÇON 4 • Joyeux Anniversaire !

VOCABULAIRE

1 Trouvez les mots.

cadeau – fête – anniversaire – voisine – souhaiter – remercier – plaisanter – embrasser – déballer

N	Ç	C	V	T	T	X	F	O	I	Z	S	X	L	E	C	V	P	I	J
Z	O	E	L	P	U	R	R	S	F	R	C	I	I	H	Ç	S	Y	C	S
Z	Ç	M	D	G	J	C	D	N	Z	E	N	S	H	F	V	K	N	A	Y
Q	U	B	E	G	E	H	J	N	T	L	T	H	H	J	M	V	N	D	V
B	S	R	B	V	O	I	S	I	N	E	R	E	M	E	R	C	I	E	R
Z	K	A	A	D	H	B	N	V	Ç	X	C	O	A	N	D	Ç	P	A	U
Y	J	S	L	B	C	S	O	U	H	A	I	T	E	R	R	W	Ç	U	P
F	Z	S	L	X	Q	H	J	P	L	A	I	S	A	N	T	E	R	A	S
A	O	E	E	X	L	P	W	Y	H	J	P	S	Ç	I	A	M	Y	Q	U
K	D	R	R	A	N	N	I	V	E	R	S	A	I	R	E	C	F	Q	L

2 Complétez le dialogue avec les mots et les expressions.

bougies – cadeau – on se charge – je suis d'accord – anniversaire surprise – invite – gâteau

– Salut maman, on organise un .... pour les 65 ans de papa.
– C'est une excellente idée !
– Oui, mais quel .... on offre à papa ?
– Il adore les meubles design et son fauteuil est très vieux...
– Un meuble d'Ousmane M'baye serait une bonne idée.
– .... !
– On .... les amis de papa ? Ils sont tous très gentils !
– Oui, d'accord.
– .... du cadeau.
– Et moi, du .... et des ....
– Ok, à samedi !

3 Remettez le texte de la lettre dans l'ordre.

n°......... : Je t'écris cette petite lettre pour te souhaiter un joyeux anniversaire !
n°......... : Ta petite fille, Noémie.
n°......... : Je t'adore papi !
n°......... : Cher papi,
n°......... : De gros bisous.
n°......... : Le 18 mai, à Genève.

GRAMMAIRE

4 Associez.

a. Ils viennent de s'installer mais …
b. Leur appartement est grand et …
c. Nous venons de nous marier et …
d. Je me charge du gâteau mais…
e. On aime les mariages mais …
f. Ce sont les 20 ans de mariage de mes parents et …

1. … on n'aime pas les vêtements de cérémonie !
2. … je ne me charge pas du cadeau !
3. … ils n'ont pas de meubles.
4. … j'organise une grande fête surprise !
5. … la vie est belle !
6. … très joli !

PHONÉTIQUE

5 Cochez la bonne réponse.

a. Quel mot n'a pas le son [ɛ] ?
   ☐ coloré   ☐ fête   ☐ chaise

b. Quel mot n'a pas le son [œ] ?
   ☐ bonheur   ☐ vœu   ☐ meuble

c. Quel mot n'a pas le son [ø] ?
   ☐ bleu   ☐ sœur   ☐ milieu

5 🔊 29 Écoutez. Quel son vous entendez ? Cochez la bonne réponse.

	1.	2.	3.	4.	5.	6.	7.
[ø]							
[œ]							
[ɛ]							

COMPRÉHENSION ÉCRITE

7 Lisez le document et répondez aux questions.

Une journée d'anniversaire au Canada

Au Canada, les enfants ont deux fêtes d'anniversaire : une avec leurs amis et une avec leur famille. Elles peuvent être organisées à la maison ou à l'extérieur, dans un parc aquatique par exemple. Tous les invités offrent un cadeau ou de l'argent et l'enfant remercie chaque personne. À la fin de la fête, tous les enfants repartent avec un petit sac de gâteaux ou de jouets.
C'est une journée très animée !

a. Vrai ou faux ?
   – Au Canada, les enfants ont seulement une fête d'anniversaire. ....
   – Au Canada, les fêtes peuvent être organisées à l'intérieur ou à l'extérieur. ....

b. Qu'est-ce que les invités offrent aux enfants ? (2 réponses) ....

c. Qu'est-ce que l'enfant offre à ses invités ?

BILAN GRAMMAIRE

1 Complétez avec *qui est-ce – c'est – ce sont*.
   a. Ousmane M'Baye, ... ? .... un designer sénégalais très célèbre.
   b. .... , ici, mamie ? .... mes parents.
   c. Et ici, ... ? .... mes frères et mes soeurs.
   d. Matthieu Chedid, ... ? .... un artiste.

2 Choississez la bonne réponse.
   a. Voici .... (*mon / ma*) épouse, Florence.
   b. .... (*Son / Sa*) frère est grand et il a les yeux bleus.
   c. Ce n'est pas .... (*mon / ma*) ami, c'est l'ami de .... (*mon / ma*) sœur !
   d. Regarde ! C'est .... (*ton / ta*) amie Lina !
   e. .... (*Notre / Nos*) parents s'entendent très bien.
   f. .... (*Leur / Leurs*) enfants se disputent beaucoup.
   g. .... (*Votre / Vos*) grands-parents sont jeunes !

3 Classez les adjectifs dans la bonne colonne.
petites – joli – noire – élégant – bleus – grosse – bon – brunes – moyenne – court – mignonne – blonds

Féminin singulier	Masculin singulier	Pluriel

4 Remettez les mots dans l'ordre.
   a. ma / de me dispuster / meilleure amie. / Je / avec / viens
   ....
   b. amis / un bébé. / viennent / d'avoir / Mes
   ....
   c. et / viennent / son / mère / de se séparer. / Sa / père
   ....
   d. a/ est / soeur / et / brune / elle / les yeux / Sa / verts.
   ....
   e. des jumelles / ne se ressemblent pas. / mais / Ce sont / elles
   ....

5 Écrivez des groupes de mots comme dans l'exemple, avec les adjectifs proposés. Attention à l'ordre des mots.
festif – grande – bon – ancienne – belle – colorée – sublime
Exemples : un costume chic – un petit sac

....
....
....

Unité 4 • Nous tous

BILAN VOCABULAIRE

1 Reformez l'arbre généalogique à l'aide des phrases. Écrivez le prénom des personnes dans les cases.

a. Isabelle et Roger ont trois petits-enfants.
b. Simon et Sophie sont les deux enfants d'Isabelle et Roger.
c. Emma est la fille de Sophie et Jules.
d. Simon est le frère de Sophie.
e. Virginie et Simon ont deux enfants : Noah et Céleste.

2 Complétez avec un mot de la famille.
a. La mère de mon père, c'est ma ....
b. Les fils de mes parents, ce sont mes ....
c. Le père de ma mère, c'est mon ....
d. La fille de ma grand-mère, c'est ma ....
e. Les enfants des parents, ce sont les .... des grands-parents.

3 Classez les mots dans la bonne colonne.
lit – yeux noirs – sac à main – avoir une barbe – soeur jumelle – cheveux – roux – frère – lampe – ceinture – mari – commode – robe cocktail – grands-parents – cheveux courts – chaussures à talon – chaise – cheveux bruns – cravate – canapé

Famille	Description physique	Vêtements et accessoires de cérémonie	Meubles

4 Écrivez 5 mots/expressions associés aux relations familiales et 5 mots/expressions associés à un anniversaire.

Relations familiales
Exemple : se disputer
1. ....
2. ....
3. ....
4. ....
5. ....

Anniversaire
Exemple : carte-cadeau
1. ....
2. ....
3. ....
4. ....
5. ....

ENTRAÎNEMENT AU DELF A1

COMPRÉHENSION ORALE

🔊 30 Écoutez les 5 phrases. Écrivez, sous chaque image, le numéro de la phrase correspondant. Attention, il y a 6 images (a., b., c., d., e. et f.) : une image n'a pas de phrase.

| a. Phrase n° .... | b. Phrase n° .... | c. Phrase n° .... |
| d. Phrase n° .... | e. Phrase n° .... | f. Phrase n° .... |

COMPRÉHENSION ÉCRITE

Lisez le document et répondez aux questions suivantes.

> Vous êtes invité.e à célébrer
> le mariage d'Ibrahima et de William
> le 12 septembre 2021.
>
> Rendez-vous à 16 heures au château
> de Belfort pour la cérémonie de mariage
> suivie d'un cocktail festif !
>
> Réponse souhaitée avant le 15 juillet
>
> Ibrahima Benguigui et Logan Duchêne
> Avenue du 11 novembre, 69 008 *Lyon*.

a. Ce document est une invitation à :
- ☐ un anniversaire.
- ☐ un mariage.
- ☐ une réunion.

b. Où est la cérémonie ?
- ☐ à l'église.
- ☐ au château de Belfort.
- ☐ à Lyon.

c. La cérémonie est le :
- ☐ 15 juillet.
- ☐ 11 novembre.
- ☐ 12 septembre.

PRODUCTION ÉCRITE

a. C'est l'anniversaire de votre grand-mère. Rédigez la carte (40 mots minimum).

b. Vous organisez une fête surprise pour l'anniversaire de votre grand-mère. Vous envoyez un email à la famille pour informer de la date, du lieu et pour avoir des idées de cadeaux (40 mots minimum)

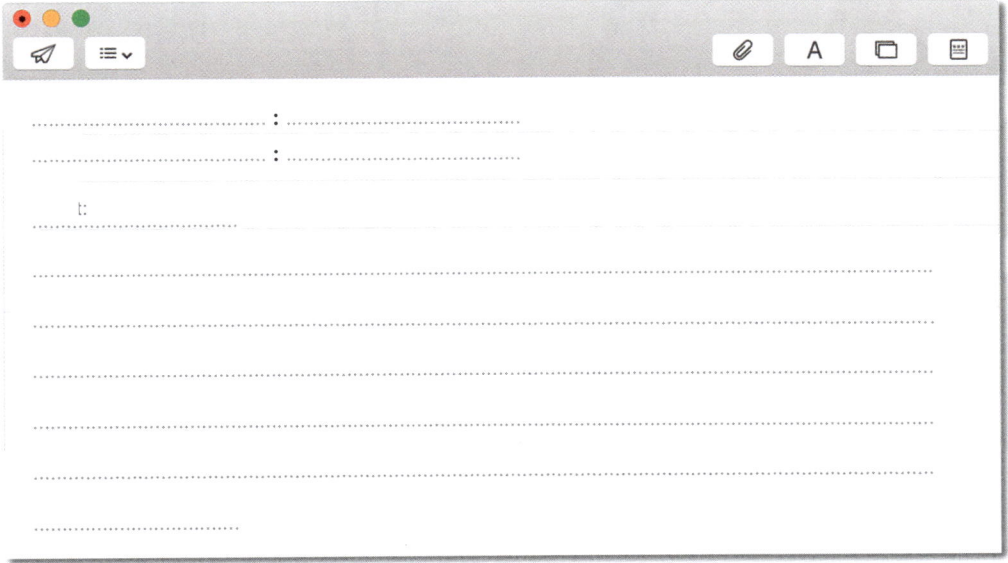

PRODUCTION ORALE

Voici les réponses. Formulez la question.

   a. Ma mère s'appelle Adilia.
   b. Ici, sur la photo, c'est le grand-père de mon père.
   c. Non, mon frère n'a pas les yeux bleus.
   d. Oui, mon père a une barbe.
   e. Oui, j'ai un frère et une sœur.
   f. À droite, c'est mon grand-père.

UNITÉ 5 — Une vie trépidante

LEÇON 1 · Demain, je me lève tôt

VOCABULAIRE

1 Associez les verbes aux images.

a. faire du sport   d. regarder la télé   g. travailler
b. se coucher   e. se lever   h. faire les courses
c. se préparer   f. cuisiner   i. se laver

1. .... 2. .... 3. .... 4. .... 5. ....

6. .... 7. .... 8. .... 9. ....

2 Classez les activités dans le tableau.

regarder des matchs de foot – faire les courses – faire la vaisselle – faire de la gymnastique – se promener dans la nature – appeler les amis – passer l'aspirateur – laver le linge

Activités du quotidien	Activités de loisirs

3 Complétez avec *et quart*, *et demi*, *moins le quart*.

a.  neuf heures ....   c. 20:45 une heure ....

b. 07:30 sept heures ....   d.  onze heures ....

4 Complétez avec *du matin, du soir, vers*.

a. Le week-end, je me lève .... 10h.

b. Elle se couche tard, à une heure ....

c. Ma grand-mère dîne à 6h .... et elle se couche .... 8h.

d. Je me réveille à 6h ....

GRAMMAIRE

5 Lisez le texte.

> « Le matin, je me réveille vers 8h. Je me lave, je m'habille et je mange. Avant de partir au travail, je me maquille. Je travaille de 9h à 18h. Le soir, je dîne vers 20h. Après dîner, je regarde la télé. Je me couche vers 23h. »

a. Écrivez l'infinitif des verbes.
Exemple : je me réveille → se réveiller

- je me lave →
- je m'habille →
- je mange →
- je me maquille →
- je travaille →
- je dîne →
- je regarde →
- je me couche →

b. Classez les verbes de l'exercice a. dans la bonne colonne.

Verbes pronominaux	Verbes non pronominaux

6 Conjuguez les verbes au présent.

– À quelle heure est-ce que .... (se lever) ?

– Mon mari et moi, nous .... (se lever) à 7h. Nous .... (se laver) et nous .... (se préparer). Les enfants, eux, ... (se lever) vers 7h45. Ils .... (manger) avec nous et ils .... (s'habiller). Ils .... (passer) toute la journée à l'école et .... (déjeuner) à la cantine. Mon mari .... (travailler) à la banque et moi dans une école. Le soir, quand nous sommes tous à la maison, les enfants .... (étudier) et mon mari .... (préparer) le repas. Après le dîner, si nous avons le temps et qu'il fait beau, nous .... (se promener) tous ensemble.

– Et à quelle heure est-ce que .... (se coucher) ?

– Les enfants .... (se coucher) à 21h30 mais mon mari et moi nous .... (se coucher) vers 23h30.

COMPRÉHENSION ORALE

7 🔊 31 Écoutez et répondez aux questions.

a. Vrai (V) ou faux (F) ?

1. La journée de Matilda commence à 6h30. ....
2. Matilda va au travail à sept heures. ....
3. Le soir, Matilda dîne vers 20h. ....
4. Le soir, Matilda se couche vers 11h30. ....

b. Complétez la phrase avec les heures.

Matilda travaille de .... h à .... h ....

Une vie trépidante • Unité 5

UNITÉ 5

LEÇON 2 ▪ Des goûts et des couleurs

VOCABULAIRE

1 Complétez avec les activités de la liste.

jouer au tennis – jouer au ballon – faire du bénévolat – jouer aux jeux vidéos – jouer au foot – faire de la danse

a. .... b. .... c. ....

d. .... e. .... f. ....

2 Complétez les mots croisés.

piano – gymnastique – théatre – guitare – natation – dessin – vélo

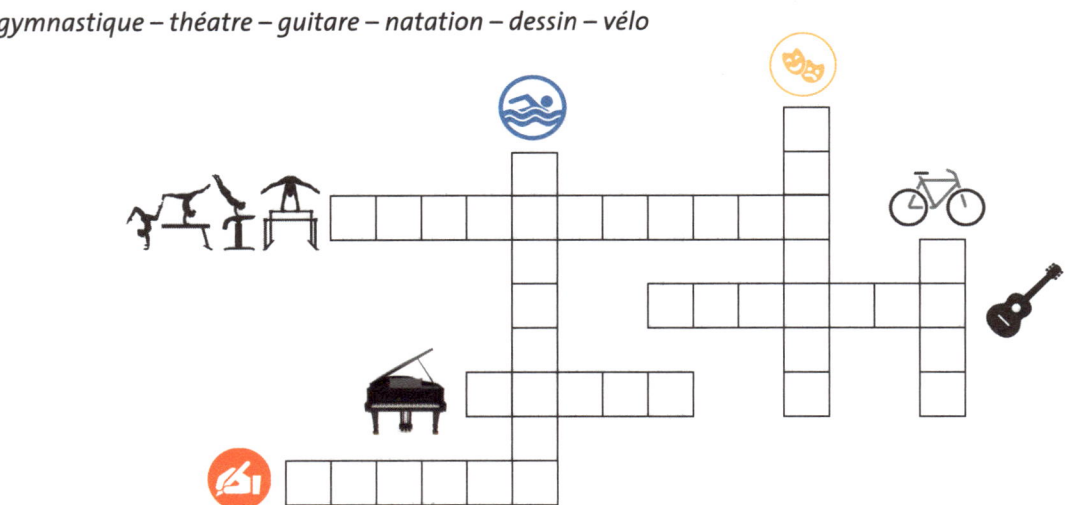

GRAMMAIRE

3 Soulignez l'intrus.

a. J'adore : la danse – la musique – lire.

b. Il aime beaucoup : le sport – voyager – regarder des séries TV.

c. Tu fais : de la natation – le bénévolat – du dessin.

d. Ils jouent : de la danse – au tennis – aux jeux vidéos.

Unité 5 ▪ Une vie trépidante

4 **Complétez avec *le, la, les, du, de la, des*.**

a. J'adore .... sport mais je n'aime pas faire .... ski.
b. Elle aime beaucoup .... gymnastique, mais elle préfère faire .... la danse.
c. Tu n'aimes pas .... sports d'équipe, mais tu adores faire .... natation.
d. Ils préfèrent faire .... piano, mais ils aiment beaucoup .... guitare.
e. Vous adorez .... peintures, mais vous préférez faire .... dessins.

5 **Complétez avec le futur proche.**

a. – Qu'est-ce que vous .... faire demain soir ?
   – Nous .... aller en boîte de nuit.
b. – À quelle heure est-ce que tu .... faire du bénévolat lundi ?
   – Je .... faire du bénévolat de 9h30 à 12h.
c. – Ce week-end, ils .... pas jouer au foot.
d. La semaine prochaine, Lucas .... commencer les cours de dessin.
e. Je vais .... un bon livre.

6 **Complétez avec *à, en, de ... à*.**

a. – À quelle heure est-ce que tu vas au cinéma demain ? .... 14h.
   – Et le film est à quelle heure ? .... 14h30.
b. – Tu es libre demain .... 15h .... 17h ?
   – Non, je fais du bénévolat .... 14h30 .... 18h.
c. – .... juillet, je vais aller à un festival de musique. Tu veux venir avec moi ?
   – Non, ... été je vais travailler dans une pizzeria.
d. Qu'est-ce que tu aimes faire .... automne ? Et .... hiver ? Et .... été ?

PRODUCTION ÉCRITE

7 **Répondez aux questions.**

a. Quels sports tu aimes regarder à la télé ?

b. Tu préfères aller au théatre ou aller au cinéma ?

c. Qu'est-ce que tu adores faire ?

d. Tu préfères lire ou regarder la télé ?

e. Est-ce que tu aimes aller en boîte de nuit ?

UNITÉ 5

LEÇON 3 • Ça te dirait ?

VOCABULAIRE

1 Associez.

1. un sac
2. des baskets
3. un maillot de bain
4. un ballon
5. un bonnet de bain
6. un short
7. une serviette
8. des lunettes de soleil
9. un T-shirt
10. une balle

a. .... b. .... c. .... d. .... e. ....

f. .... g. .... h. .... i. .... j. ....

2 Complétez avec les expressions.

Je ne sais pas – Oui, avec plaisir ! – Ce n'est pas possible. – Ça te dit…

– Salut Estelle ! .... de participer au semi-marathon du 19 juin ?

– .... Je dois réfléchir… Euh… non ! Désolée ! ...., c'est l'anniversaire de mon grand-père.

– D'accord, pas de problème ! Et demain, tu veux aller prendre un verre avec moi ?

– .... !

GRAMMAIRE

3 Complétez les mots croisés.

1. Elles .... (savoir) faire du piano.
2. Nous ne .... (pouvoir) pas aller au cinéma avec vous.
3. Ils .... (devoir) beaucoup étudier pour leur test.
4. En décembre, je .... (vouloir) faire du ski.
5. Je ne .... (savoir) pas… c'est à quelle heure ?
6. Tu .... (pouvoir) venir avec moi ?
7. Ils .... (vouloir) aller voir une pièce de théâtre.
8. Elle .... (devoir) partir tôt demain matin.

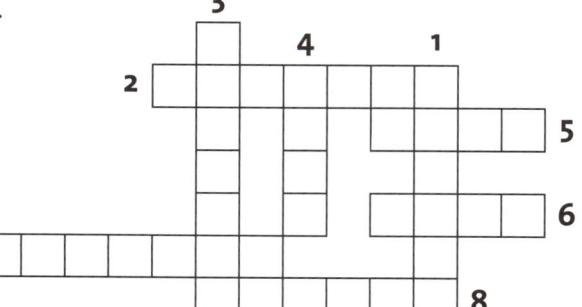

58 Unité 5 • Une vie trépidante

4 Complétez avec la bonne forme du verbe.

a. je .... (peux / peuve / peut)

b. ils .... (voulent / veulent / veut)

c. elle .... (doive / doivent / doit)

d. tu .... (saves / tu sais / sait)

PHONÉTIQUE

5 🔊 32 Écoutez et cochez la bonne réponse.

	on	on + voyelle
a.		
b.		
c.		
d.		
e.		
f.		

COMPRÉHENSION ÉCRITE

6 Observez l'affiche. Répondez aux questions.

a. À quelle date est le triathlon des Ardennes ?
....

b. Quels sont les sports du triathlon ?
- ☐ la natation
- ☐ la randonnée
- ☐ le foot
- ☐ le vélo
- ☐ la course

c. À quelle heure commence le premier format ? Et le dernier ?

Le premier niveau commence ....

Le dernier niveau commence ....

UNITÉ 5

LEÇON 4 • Il ne faut pas rouler sur les trottoirs

VOCABULAIRE

1 Trouvez dans la grille les mots.

skate – roller – trotinette – vélo – gyroroue

G	A	Z	R	G	B	X	I
H	Y	A	T	F	V	B	J
V	S	R	R	Q	A	L	F
C	R	D	O	A	H	M	S
A	O	S	T	R	U	P	K
Q	L	J	I	E	O	P	A
Z	L	A	N	I	U	U	T
R	E	V	E	L	O	Y	E
F	R	E	T	Z	E	R	W
O	P	R	T	S	F	G	I
P	M	X	E	R	U	J	P

2 Associez les sensations aux définitions.

Quand je travaille toute la nuit, je suis • • soif et faim.

Je dois terminer mon travail aujourd'hui, je suis très • • chaud.

Quand j'écoute de la musique trop fort, après j'ai • • stressé(e).

J'ai trop de vêtements sur moi, j'ai • • froid.

Je suis mal habillé(e), j'ai • • fatigué(e).

Après une activité sportive, j'ai vraiment • • mal à la tête.

GRAMMAIRE

3 Complétez avec une expression de fréquence.

a. Combien de ……………………………… par mois est-ce que tu vas à la danse ?

b. Elle ne fait ……………………………… de rollers. Elle préfère le skate.

c. Je fais du yoga une fois ……………………………… jour.

d. Nous jouons au tennis deux ……………………………… semaine.

e. Ils ne vont ……………………………… au cinéma. Ils préfèrent aller au théâtre.

4 Construisez des phrases avec *il faut* et *il ne faut pas*.

Pour faire un sport de roues ou de roulettes,

a. ……………………………… avoir un équipement de qualité.

b. ……………………………… rouler sans équipement de protection.

c. ……………………………… mettre un casque.

d. ……………………………… rouler sur les routes.

e. ……………………………… respecter les consignes de sécurité.

Unité 5 • Une vie trépidante

5 Complétez avec les différentes formes.

	Impératif	Devoir	Il faut
a.			Il faut acheter un casque !
b.	Venez équipés !		
c.		Vous devez arriver à 9h.	
d.	Faites une pause !		

PRODUCTION ÉCRITE

6 Répondez aux questions suivantes.

a. À quelle fréquence est-ce que vous faites une activité sportive ?

....

b. Combien de fois par mois est-ce que vous allez faire des courses ?

....

c. À quelle fréquence est-ce que vous faites du roller ?

....

d. Combien de fois par an est-ce que vous allez au cinéma ?

....

PRODUCTION ORALE

7 🔊 33 Écoutez et répondez Vrai (V) ou Faux (F).

a. Brian invite Louane au Grand Prix F1. ....

b. Le Grand Prix F1 est en automne. ....

c. Louane est disponible le 16 et le 17 juin. ....

d. Louane va se marier. ....

8 Vous recevez le texto d'un ami.

> Salut Emmy !
> Tu veux venir avec moi
> au Pari Roller demain ?

a. Vous refusez l'invitation. Vous expliquez le problème.

....

....

b. Vous acceptez l'invitation. Vous demandez des détails.

....

....

....

....

BILAN GRAMMAIRE

1 Formez des phrases avec les informations du tableau.

Exemple : moi + danse → Le lundi, je fais de la danse à 18h15.

Horaires \ Jours	Lundi	Mardi	Mercredi	Jeudi	Vendredi	Samedi	Dimanche
9h45						vous + du bénévolat	
11h30		Omar + du skate			Maxime + de la gymnastique		
18h15	moi + de la danse			mes parents + tennis			Naomi et Olivia + de la natation
20h			nous + du théatre				

a. Omar + du skate → ....

b. nous + du théatre → ....

c. mes parents + du tennis → ....

d. Maxime + de la gymnastique → ....

e. vous + du bénévolat → ....

f. Naomi et Olivia + de la natation → ....

2 Conjuguez les verbes *pouvoir, vouloir, devoir et savoir*.

a. Vous (pouvoir) .... aller en boîte de nuit mais vous (devoir) .... rentrer avant 2h du matin.

b. Si tu (vouloir) .... voyager, tu (devoir) .... avoir un passeport.

c. Elle (vouloir) .... faire du roller avec ses amis.

d. Nous ne (savoir) .... pas à quelle heure commence le concert.

e. Je ne (pouvoir) .... pas venir avec vous, je suis vraiment fatiguée.

f. Elles ne (pouvoir) .... pas rester, elles (devoir) .... partir immédiatement.

3 Formez des phrases au futur proche. Ajouter *en, à, de... à*.

*Exemple : Nasrim / participer au semi-marathon / juin. → Nasrim **va** participer au semi-marathon **en** juin.*

a. Vous / aller voyager / mars-juin ? → ....

b. Jehane et Jorge / ne pas aller au Mexique / hiver → ....

c. Tu / faire les courses / 17h30 ? → ....

d. Je / préparer un bon repas / 19h. → ....

e. Nous / regarder un super film / 21h30 - 23h45 → ....

BILAN VOCABULAIRE

1 Cherchez 4 exemples d'heures dans la page Bilan Grammaire. Utilisez la banque de mots pour reformuler, comme dans l'exemple.
et quart – et demi – moins le quart – du matin – du soir – de l'après-midi
Exemple : Exercice 2, 11h30 : onze heures et demi du matin.

....

2 Observez les images. Écrivez 4 activités de loisirs et 4 activités du quotidien.

Activités de loisirs
a. ....
b. ....
c. ....
d. ....

Activités du quotidien
a. ....
b. ....
c. ....
d. ....

3 Complétez le dialogue avec les mots et expressions de la liste.
fatigué – mal à la tête – faim – qu'est-ce qui ne va pas – soif – faire une pause

Maëlys : .... Dan ?
Dan : Je ne me sens pas bien ! J'ai .... !
Maëlys : Tu veux .... ? Je prends ton skate !
Dan : Oui, merci !
Maëlys : Tu as .... ?
Dan : Non, j'ai .... !
Maëlys : Allons dans un bar, boire quelque chose !
Dan : Oui, d'accord… je me sens vraiment très .... !

4 Exprimez des goûts, comme dans l'exemple.

Exemple : Tu 🥰 *+* 🚲 *= Tu adores le vélo / faire du vélo.*

a. Nous 🤮 + 🧘 = ...

b. Ils 🥰 + 🎮 = ...

c. Je 😝 + 🏊 = ...

d. Elle 🥰 + 💃 = ...

ENTRAÎNEMENT AU DELF A1

COMPRÉHENSION ORALE

34 Écoutez le document et répondez aux questions suivantes.

a. Qui parle ?
- ☐ Arthur
- ☐ Souad
- ☐ Louise

b. La personne propose d'aller
- ☐ au parc
- ☐ à la bibliothèque
- ☐ au Roller Tour

c. À quelle heure est le rendez-vous ?

1. ☐   2. ☐   3. ☐

d. Quels objets est-ce qu'ils vont prendre ?

1. ☐   2. ☐   3. ☐

COMPRÉHENSION ÉCRITE

Lisez le Forum et répondez aux questions.

De:	Qu'est-ce que vous faites le week-end ?
Nath31 **9h36**	Salut ! Le samedi et le dimanche matin, j'adore faire du vélo. L'après-midi, je vais dans un bar avec mes amis et le soir je regarde un bon film à la télé. Et vous, qu'est-ce que vous faites ?
Sam19 **11h28**	Moi, je suis fan de jeux vidéos. Je joue tout le week-end ! Le samedi après-midi, je joue au football avec mes amis, de 15h à 17h, j'adore !
Alili22 **16h59**	Moi, le samedi soir, je vais en boîte de nuit ! Le dimanche, je me lève tard, vers 13h. L'après-midi, je vais au parc et je fais du skate.
Larka42 **18h24**	Moi, le week-end, j'adore faire du dessin et aller au théâtre. Je fais aussi du bénévolat le samedi matin, de 9h30 à 13h. J'aime beaucoup !

1 **Répondez vrai ou faux.**

a. Les 4 personnes aiment faire du sport le week-end. ....
b. Une personne aime beaucoup faire du bénévolat. ....
c. Sam19 joue au football le samedi matin. ....
d. Larka42 fait du bénévolat le dimanche matin. ....

2 **Associez une phrase à une personne du Forum.**

- Nath31 •
- Sam19 •
- Alili22 •
- Larka42 •

- a. Le samedi soir, elle va en boîte de nuit.
- b. Elle est fan de jeux vidéos.
- c. Elle adore faire du vélo.
- d. Elle a une activité de 15h à 17h.
- e. Elle adore faire du dessin et aller au théâtre.
- f. Elle fait du skate.
- g. Elle a une activité de 9h30 à 13h.
- h. Elle aime aller dans un bar avec ses amis.

PRODUCTION ÉCRITE

Participez au forum et répondez à la question : Qu'est-ce que vous faites le week-end ?

....
....
....
....
....

PRODUCTION ORALE

Présentez les activités de Noémie (N) et Ilan (I). Qu'est-ce qu'ils doivent faire le samedi et le dimanche ?

Samedi
Le matin
– laver le linge (N)
– passer l'aspirateur (I)
– faire les courses (I – N)
L'après-midi
– 14h30 – 16h bénévolat (I)
– 17h30 – danse (N – I)

Dimanche
– ranger le garage (N – I)
– 13h : restaurant (I–N)
  anniversaire belle-mère
– 19h30 : appeler Mimi (N)

UNITÉ 6 — Le coin des bonnes affaires

LEÇON 1 • À prendre ou à laisser

VOCABULAIRE

1 Trouvez dans la grille les mots.

bijoux – boîtes – ciseaux – clés – stylos – cartes postales – chercher – échanger

A	C	L	E	S	Q	D	V	T	B	U	P	L	G	S
Z	E	I	W	H	G	F	M	N	O	L	I	F	A	Z
E	R	X	S	T	Y	L	O	S	I	T	Y	A	K	B
C	A	R	T	E	S	P	O	S	T	A	L	E	S	C
H	T	C	K	E	A	Z	C	H	E	R	C	H	E	R
A	Y	V	P	D	Y	U	A	M	S	R	V	Q	L	E
N	U	B	I	J	O	U	X	I	T	E	L	Z	M	D
G	O	J	R	A	F	A	G	K	D	E	M	E	I	O
E	P	K	O	S	D	Y	H	J	A	D	P	R	U	P
R	M	L	U	F	J	K	B	N	W	X	I	G	Y	M

2 Remettez les mots dans l'ordre avec l'aide des images.

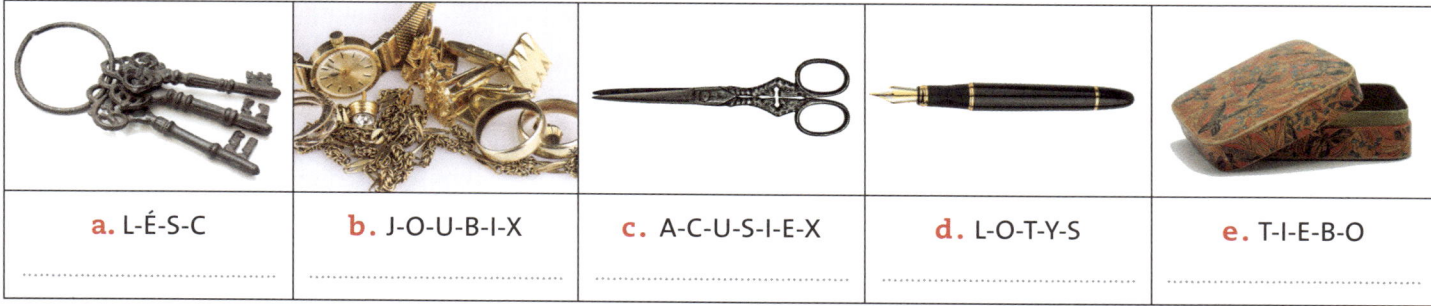

a. L-É-S-C   b. J-O-U-B-I-X   c. A-C-U-S-I-E-X   d. L-O-T-Y-S   e. T-I-E-B-O

3 Trouvez les mots. Vous pouvez vous aider du texte *Pépins et Trognons* dans le livre de l'élève p. 79.

a. Je suis un produit qui respecte la nature et l'environnement : É _ _ _ _ _ _ _ _ _ _ _ _ E

b. Je suis un petit magasin situé dans la ville : B _ _ _ _ _ _ E

c. Nous sommes des produits d'hygiène et de beauté : S _ _ _ _, S _ _ _ _ _ _ _ _ G, D _ _ _ _ _ _ _ _ _ _ E

d. Nous sommes des objets de décoration : V _ _ _ S, B _ _ _ _ _ _ S

e. Je suis un aliment bio sucré : C _ _ _ _ T _ _ _ _ N _ _ _ R _ _ _ _ _

GRAMMAIRE

4 Utilisez *et* et *ou* dans les phrases.

a. Dans ce magasin, je peux acheter des vêtements, des bijoux .... des sacs.

b. Pour le cadeau de ma soeur j'hésite… un bijou .... un vêtement ?

c. – Bonjour Madame ! Je cherche des produits écoresponsables .... locaux.
   – Vous préférez les accessoires de mode .... les objets de décoration ?

COMPRÉHENSION ORALE

5. 🔊 35 **Écoutez.**

a. Soulignez les mots que vous entendez.

magasin – informations – accessoires de bureau – bijoux – vases – cartes d'identité – collection

b. Cochez vrai (V) ou faux (F). Justifiez votre réponse quand c'est faux.

	V	F
1. Le magasin vend des objets anciens. Justification :		
2. La personne collectionne les cartes postales. Justification :		
3. Le vase chinois coûte 45 euros. Justification :		
4. Le vase est petit et il n'est pas en bon état. Justification :		

COMPRÉHENSION ÉCRITE

6. Observez le document et cochez vrai (V) ou faux (F).

	V	F
a. Le magasin propose des soldes sur des produits en ligne.		
b. Les soldes durent une semaine.		
c. Les vases et les bougies sont à à moitié prix.		
d. Tous les draps et les serviettes sont à 70 %.		

Le coin des bonnes affaires • Unité 6

UNITÉ 6

LEÇON 2 • Combien je vous dois

VOCABULAIRE

1 **Associez une expression à une image.**

par carte – en espèces – sans contact

Quand je fais des courses, je peux faire un paiement :

a. .... b. .... c. ....

2 **Reformez les mots dans les phrases.**

a. Les D-O-L-S-E-S .... commencent demain, super!

b. Dans mon portefeuille, il y a toujours des C-E-P-I-È-S .... et des B-L-E-L-I-T-S ....

c. Vous avez la N-A-I-M-O-N-E .... de 10 euros, s'il vous plaît ?

d. Ça coûte 4 euros et 60 T-I-M-E-C-E-N-T-S ....

e. Avec la D-U-C-R-É-T-I-O-N .... ça coûte 25,99 euros.

3 **Associez.**

À Montréal, le loyer d'un appartement coûte • • 1500 € / mois

À Paris, le loyer d'un appartement coûte • • 270 000 francs CFA / mois

À Genève, le loyer d'un appartement coûte • • 1900 $ /mois

À Abidjan, le loyer d'un appartement coûte • • 1800 francs CHF / mois

GRAMMAIRE

4 **Complétez les phrases avec les expressions.**

pour faire de bonnes affaires – pour acheter des produits écoresponsables – pour ma collection – pour payer mes vitamines – pour acheter des fruits et des légumes

a. Nous allons au magasin Pépin et Trognons ....

b. J'ai un billet de 20 euros ....

c. Ils adorent le site du boncoin.fr ....

d. Elle va au marché ....

e. J'achète des vases anciens ....

PHONÉTIQUE

5 🔊 36 Écoutez et répétez.

COMPRÉHENSION ÉCRITE

6 Remettez le dialogue dans l'ordre.

- [1] – Excusez Madame, quel est le prix des 3 confitures biologiques avec la réduction ?
- [ ] – Vous payez comment ? En comptant ou par carte ?
- [ ] – Oui, je vais prendre 6 confitures, c'est pour offrir !
- [ ] – Oui, s'il vous plaît !
- [ ] – En comptant. Vous pouvez me faire de la monnaie pour 50 $?
- [ ] – Voilà, vos confitures et votre facture. Bonne journée !
- [ ] – Oui, voilà! Je vous rends 18,02 $. Je mets la facture dans le sac ?
- [ ] – 15,99 $. Vous prenez ?
- [9] – Merci, bonne journée !

COMPRÉHENSION ORALE

7 🔊 37 Écoutez et associez une situation à une image.

n° ....

n° ....

n° ....

n° ....

n° ....

PRODUCTION ÉCRITE

8 Vous êtes vendeur/vendeuse dans un magasin de produits écoresponsables. Écrivez une offre promotionnelle pour vos clients.

....
....
....

UNITÉ 6

LEÇON 3 • Toujours sur son 31

VOCABULAIRE

1 Complétez l'image avec le nom des couleurs.

2 Associez.

1. un bonnet
2. un manteau
3. un sac
4. une jupe
5. une ceinture
6. des lunettes
7. une écharpe
8. un pull

a. ....

b. ....

c. ....

d. ....

e. ....

f. ....

g. ....

h. ....

Unité 6 • Le coin des bonnes affaires

GRAMMAIRE

3 Complétez avec *quel, quelle, quels, quelles* puis associez.

1. .... couleurs vous adorez ?
2. .... est le prix de l'écharpe ?
3. .... accessoires de mode vous aimez porter ?
4. .... lunettes vous préférez ? Les noires ou les rouges ?
5. À .... heure le magasin est ouvert ?

a. 12 euros.
b. À 10h.
c. Le violet et le bleu.
d. Les ceintures et les chapeaux.
e. Je préfère les rouges.

4 Complétez avec *ce, cet, cette, ces*.

a. Tu préfères .... jupe ou .... pantalon ?
b. Combien coûtent .... lunettes de soleil ?
c. Je ne trouve pas .... espace intéressant. Et toi ?
d. Vous aimez .... accessoires de mode ?
e. Elle préfère porter .... vêtements, avec des couleurs.
f. J'adore .... boutique de produits écoresponsables !

PHONÉTIQUE

5 🔊 38 Écoutez et cochez la bonne réponse.

	[ã]	[ɛ̃]
a.		
b.		
c.		

	[ã]	[ɛ̃]
d.		
e.		
f.		

PRODUCTION ÉCRITE

6 Sélectionnez deux personnes. Décrivez-les (vêtements, accessoires, couleurs).

Exemple : La personne n°1 porte des lunettes noires et un sac vert. Ses vêtements sont : un chemisier blanc, un pantalon avec une ceinture marron, un long manteau marron et des chaussures à talon.

1

UNITÉ 6

LEÇON 4 • Tapez votre code

VOCABULAIRE

1 Trouvez dans la grille les mots.

erroné – insérer – montant – récupérer – retrait – sélectionner – valider

S	E	L	E	C	T	I	O	N	N	E	R
Z	A	R	T	Y	R	Y	I	O	E	E	E
V	A	L	I	D	E	R	L	N	R	F	C
A	B	E	R	L	T	H	D	E	R	D	U
D	K	M	L	M	R	I	S	D	O	Z	P
C	M	O	N	T	A	N	T	S	N	X	E
X	Z	U	S	F	I	W	S	V	E	A	R
X	O	J	G	D	T	X	C	B	K	S	E
C	I	F	H	Z	S	F	S	F	G	M	R

2 Associez.

Pour payer par carte, je dois • • au guichet automatique.
Le code n'est pas bon, il est • • composer mon code secret.
Je dois retirer 150 euros • • pour retirer de l'argent.
Je cherche un guichet automatique • • erroné.

3 Complétez avec les mots de la liste.

insérez – validez – récupérez – tapez – sélectionnez – retirez

Pour retirer de l'argent au guichet automatique :

a. .... votre carte.
b. .... votre code et ....
c. .... le montant du retrait.
d. .... votre carte et .... les billets.

COMPRÉHENSION ORALE

4 🔊 **39** Écoutez et répondez aux questions.

a. La personne est là pour...
☐ faire un retrait d'argent sur son compte.
☐ résoudre un problème.
☐ demander des codes secrets.

b. Complétez le numéro de compte de la cliente.

456 __ __ 1 2 __ __ __ A

c. Vrai ou faux ?
1. Madame Delaune ne peut pas payer avec sa carte. ....
2. Madame Delaune n'a pas d'argent sur son compte. ....
3. Il y a un problème avec les codes secrets. ....

Unité 6 • Le coin des bonnes affaires

COMPRÉHENSION ÉCRITE

5 Lisez le document. Répondez vrai (V) ou faux (F).

a. Ce document est une annonce pour le Black Friday. ....
b. Ce document propose des soldes. ....
c. L'événement a lieu du 29/11 au 7/12. ....
d. 18 associations et entreprises locales participent à cet événement. ....
e. Nous pouvons découvrir des produits qui respectent l'environnement et la nature. ....

PRODUCTION ÉCRITE

6 Vous lisez cette annonce dans un magasin de vêtements d'occasion. Contactez la personne de l'annonce pour avoir des informations sur les prix, le type de vêtements et les couleurs disponibles.

Le coin des bonnes affaires • Unité 6

BILAN GRAMMAIRE

1 Posez les questions à partir des réponses. Utilisez *quel, quelle, quels, quelles*.
   a. .... ?
      – Les objets que nous collectionnons sont : les stylos et les bijoux en argent.
   b. .... ?
      – Le prix de la veste est de 32,50 euros.
   c. .... ?
      – Sa couleur préférée est le vert.
   d. .... ?
      – L'offre du jour : des soldes sur toute la collection automne-hiver.
   e. .... ?
      – Ils préfèrent les boutiques éco-responsables.

2 Complétez le dialogue avec *ce, cet, cette, ces*.
   – Aujourd'hui, il y a les soldes dans .... magasin ! Regarde ! .... robe noire est à – 30% et .... pantalon est à moitié prix ! Et .... chaussures, j'adore ! Elles sont à – 70% !
   – Regarde ! .... sac jaune, tu aimes ?
   – Non, je déteste .... couleur !
   – Je ne vois pas le prix de .... accessoire, tu peux m'aider ?
   – C'est 2 euros, avec la promotion.

3 Associez.
   Tu profites des soldes   •   • pour faire ses courses.
   Ils vont au marché   •   • pour retirer de l'argent.
   Je vais au guichet automatique   •   • pour compléter sa collection.
   Elle retire de l'argent   •   • pour acheter des fruits et légumes de saison.
   Il achète des clés anciennes   •   • pour faire de bonnes affaires.

4 Terminez les phrases avec *et* et *ou*. Utilisez deux éléments de l'image pour chaque phrase.

   a. Aujourd'hui, elle va porter ....
   b. Je ne sais pas quoi porter comme chaussures, ... ?
   c. Vous achetez .... ?
   d. Mes vêtements préférés sont ....

Unité 6 • Le coin des bonnes affaires

BILAN VOCABULAIRE

1 Cochez la bonne réponse.

   a. Je suis un verbe :
     ☐ l'argent   ☐ le retrait   ☐ retirer   ☐ le paiement.

   b. Je suis un accessoire de bureau :
     ☐ un vase   ☐ un stylo   ☐ un dentifrice   ☐ un savon.

   c. Je suis un accessoire de mode :
     ☐ une ceinture   ☐ une veste   ☐ des baskets   ☐ une robe.

   d. Je suis un vêtement :
     ☐ un chapeau   ☐ des lunettes de soleil   ☐ un pantalon   ☐ une écharpe.

   e. Je suis un moyen de paiement :
     ☐ compte en banque   ☐ guichet automatique   ☐ code secret   ☐ carte.

2 Associez la question et la réponse.

Vous payez comment ? •	• Deux kilos pour le prix d'un !
Je vous dois combien ? •	• Oui, j'ai deux pièces de 2 euros et une de 1 euro.
Quelle est la promotion ? •	• Oui, bien sûr !
Vous acceptez le paiement sans contact ? •	• Par chèque.
Tu as la monnaie de 5 euros ? •	• Au total 11, 70 €.

3 Classez les mots dans la bonne colonne.

réduction – rouge - blouson – Black Friday – bijoux – jaune – boîtes – manteau – vases – robe – promotion – violet – cartes postales – promotion – chaussures – noir – offre spéciale

Collections	Vêtements	Couleurs	Achats

4 Complétez le dialogue avec les expressions.

nous avons une promotion – je peux vous aider – Vous pouvez me faire de la monnaie – la barquette de fraises.

– Bonjour monsieur, ... ?

– Bonjour monsieur, oui ! Combien coûte .... ?

– C'est 3 euros. Aujourd'hui, ..., deux pour 5 euros. Est-ce que ça vous intéresse ?

– Oui, je vais en prendre deux ! .... pour 10 euros ?

– Oui, voilà, je vous rends 5 euros.

– Merci bien !

5 Complétez (seul ou par groupe) l'abécédaire avec des mots de l'unité (verbes et/ou noms).

A comme *achats*	**F** comme	**K** comme	**P** comme ....
B comme	**G** comme	**L** comme	**R** comme ....
C comme	**H** comme	**M** comme	**S** comme ....
D comme	**I** comme	**N** comme	**T** comme ....
E comme	**J** comme	**O** comme	**V** comme ....

Le coin des bonnes affaires • Unité 6

ENTRAÎNEMENT AU DELF A1

COMPRÉHENSION ORALE

🔊 40 Écoutez. Pour chaque situation, cochez la bonne réponse.

Situation n°1

Qu'est-ce qu'on demande ?
- [ ] un numéro
- [ ] un prix
- [ ] l'heure

Situation n°2

Où est-ce ?
- [ ] dans un magasin de vêtements
- [ ] dans un magasin de sport
- [ ] dans un magasin de chaussures

Situation n°3

Qu'est-ce qu'on demande ?
- [ ] un prix
- [ ] un numéro
- [ ] une date

Situation n°4

Qu'est-ce que c'est ?
- [ ] des soldes en magasin
- [ ] une publicité dans un magazine
- [ ] des soldes en ligne

COMPRÉHENSION ÉCRITE

Lisez ce message. Répondez aux questions suivantes.

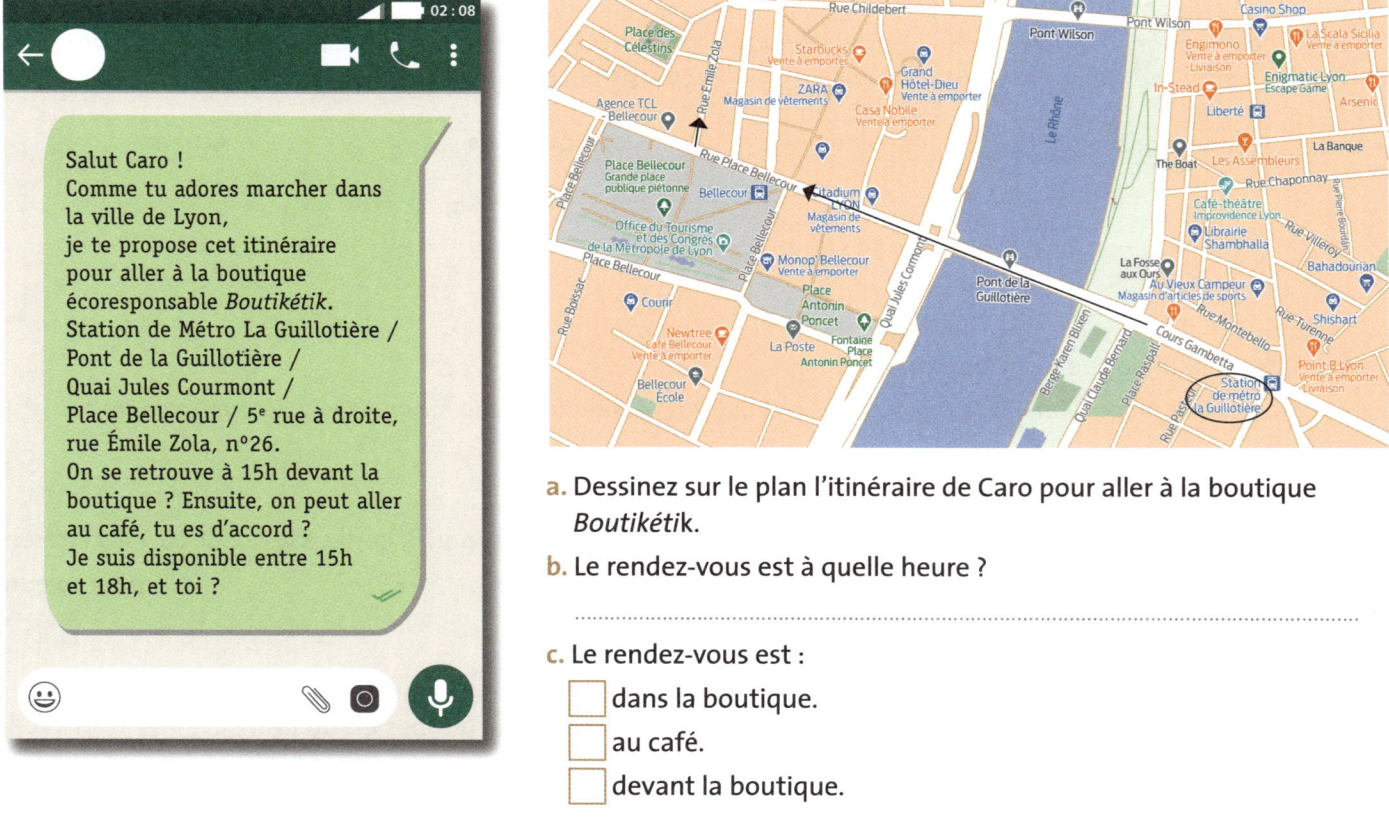

Salut Caro !
Comme tu adores marcher dans la ville de Lyon, je te propose cet itinéraire pour aller à la boutique écoresponsable *Boutikétik*.
Station de Métro La Guillotière / Pont de la Guillotière / Quai Jules Courmont / Place Bellecour / 5e rue à droite, rue Émile Zola, n°26.
On se retrouve à 15h devant la boutique ? Ensuite, on peut aller au café, tu es d'accord ?
Je suis disponible entre 15h et 18h, et toi ?

a. Dessinez sur le plan l'itinéraire de Caro pour aller à la boutique *Boutikétik*.

b. Le rendez-vous est à quelle heure ?

....

c. Le rendez-vous est :
- [ ] dans la boutique.
- [ ] au café.
- [ ] devant la boutique.

PRODUCTION ÉCRITE

À VENDRE

Trottinette électrique d'occasion

175 € (à discuter)

👍 très bon état, comme neuve !

Seulement 500 km au compteur.

Toulon 83000
mk-ilani28@free.fr

Vous êtes intéressé(e) par cette petite annonce. Vous contactez le vendeur, vous discutez le prix et vous proposez un rendez-vous.

PRODUCTION ORALE

Voici les réponses. Formulez la question.
- Ça coûte 3 euros le kilo.
- Ma couleur préférée est le rouge.
- Je paye par carte.
- Non, je n'aime pas faire du shopping !
- La promotion du jour est un rabais de -30 % sur toute la collection enfant.
- Oui, j'adore les produits écoresponsables !
- Non, je n'aime pas le Black Friday.
- Oui, j'aime faire des achats en ligne.
- Le magasin est ouvert de 10h à 19h.
- Oui, j'achète des articles d'occasion.

UNITÉ 7 — Cuisines du monde

LEÇON 1 — Tartines ou omelette ?

VOCABULAIRE

1. Trouvez les mots.
baguette – beurre – citron – gingembre – omelette – pâtisseries – saucisson – tartines

S	S	A	G	V	S	O	V	B	S	C	A
S	N	C	P	I	G	T	H	G	W	I	L
O	K	Q	Ç	B	N	O	Y	F	Ç	T	H
M	D	R	D	L	A	G	N	X	V	R	J
E	H	P	O	V	O	G	E	M	G	O	Q
L	U	Q	M	D	N	T	U	M	R	N	F
E	F	E	W	R	M	W	A	E	B	Ç	J
T	O	F	B	E	U	R	R	E	T	R	T
T	S	A	U	C	I	S	S	O	N	T	E
E	E	T	A	R	T	I	N	E	S	D	E
P	A	T	I	S	S	E	R	I	E	S	Q
V	Q	Y	D	X	C	X	H	J	I	D	Q

2. Numérotez sur l'image.
du jus d'orange (1) – du café (2) – du café au lait (3) – du pain (4) – du miel (5) – un croissant (6) – des œufs au plat (7) – du bacon (8) – des fruits (9) – de la confiture (10) – un yaourt (11)

a. Petit-déjeuner français

b. Petit-déjeuner américain

78 Unité 7 • Cuisines du monde

3 Soulignez l'intrus et justifiez comme dans l'exemple.

Exemple : fruits, céréales, croissants, soupe de poisson. → *La soupe de poisson, ce n'est pas un aliment du petit-déjeuner français.*

a. miel, jambon, saucisses, œufs brouillés : ....
b. thé, café au lait, fromage, jus d'orange : ....
c. viande, lait, poisson, riz : ....
d. confiture, miel, sucre, bacon : ....

GRAMMAIRE

4 Complétez avec *du – de la – des*.

Au Maroc, le petit-déjeuner est sucré et un peu salé. Traditionnellement, on mange .... galettes avec .... pâte à tartiner composée d'amandes, de miel et d'huile d'argan. On mange aussi .... crêpes avec .... beurre et .... miel. Pour accompagner ces délicieuses crêpes ou galettes, les marocains boivent .... lait de riz, ... jus d'orange, ... café au lait ou .... thé à la menthe. Pour le salé, la tradition est de manger .... œufs frits, ... olives ou .... soupe.

COMPRÉHENSION ÉCRITE

5 Lisez le texte. Répondez aux questions.

> En Grèce, la journée commence par un yaourt avec du miel et du koulouris (pain rond). Pour accompagner, on fait une boisson appelée briki à base de poudre de café, de sucre et d'eau bouillante. Le petit-déjeuner grec est en général constitué de café ou lait, pain, miel, confiture, et du yaourt au lait de chèvre avec du miel. Dans certaines régions du nord de la Grèce, certaines pâtisseries sont consommées : tyropita, spanakopita, bougatsa...
>
> *Adapté de www.guide-resto.info*

a. En Grèce, le petit-déjeuner est plutôt sucré ou plutôt salé ? Justifiez votre réponse.
....
b. De quels ingrédients est composé le briki ? ....
c. Que sont la tyropita, la spanakopita et la bougatsa ? ....

COMPRÉHENSION ORALE

6 🔊 41 Écoutez et répondez vrai (V) ou faux (F).

	V	F
a. Les Français mangent tous les jours des baguettes de pain et des croissants au petit-déjeuner.		
b. Les Français mangent des tartines de pain avec du beurre ou de la confiture.		
c. Au petit-déjeuner, les enfants mangent des céréales avec du lait chaud.		
d. Sur la table des Français, au petit-déjeuner, on peut trouver 4 boissons différentes.		

UNITÉ 7

LEÇON 2 ▪ Recettes de famille

VOCABULAIRE

1 Retrouvez les mots de la recette antillaise.

mélanger – couper – peler – revenir – râper – ajouter (x2) – servir – mettre

Gratin de papaye verte et carotte au cumin et au thym

Ingrédients : Une papaye verte, une carotte, du cumin, du thym, un oignon, de l'ail, de l'huile d'olive, du lait, un sachet de sauce béchamel en poudre, fromage râpé.

PRÉPARATION

(L-E-P-E-R) .... la papaye et la carotte.
(P-E-R-R-Â) .... les légumes à l'aide d'une râpe à gros trous et réserver.
(P-E- R-C-O-U) .... l'oignon et l'ail finement.
Faire (V-E-R-I-N-E-R) .... l'ail et l'oignon avec le cumin et le thym, dans un peu d'huile d'olive.
(T-E-R-A-J-O-U) .... les légumes râpés et faire revenir pendant environ 10 minutes.

Pendant ce temps, préparer la béchamel : faire bouillir le lait dans une casserole.
(T-E-R-A-J-O-U) .... le contenu du sachet et bien mélanger.
(L-A-N-M-É-G-E-R) .... la béchamel avec le reste de la préparation.
(T-R-E-M-E-T) .... la préparation dans un plat et ajouter du fromage sur la préparation.
Mettre au four 20 minutes à 180°.
(V-I-R-S-E-R) .... avec une belle salade.

Adapté de https://cuisine-creole.com

2 Associez.

| 1 | 2 | 3 | 4 | 5 | 6 | 7 | 8 | 9 | 10 |

a. une assiette   n° ....
b. une fourchette   n° ....
c. un couteau   n° ....
d. une cuillère   n° ....
e. un verre   n° ....

f. une serviette   n° ....
g. de l'ail   n° ....
h. du poivre   n° ....
i. un citron   n° ....
j. un oignon   n° ....

Unité 7 ▪ Cuisines du monde

GRAMMAIRE

3 Complétez avec *kilo de – cuillère d' – boîte de – beaucoup de – un peu de – trop d' – assez de.*

a. Mon père met .... sucre dans son café, moi c'est le contraire, j'adore le sucre !

b. Attention, tu mets .... huile d'olive ! La recette dit « une .... huile d'olive » !

c. Pour ma recette de cake à la carotte, j'achète un .... farine et des carottes.

d. – Est-ce qu'il y a .... beurre ? - Non, tu dois encore ajouter 50 grammes.

e. Si tu fais les courses, achète une .... thon.

f. J'utilise .... gingembre dans mes plats ! J'adore les recettes avec cet ingrédient !

PHONÉTIQUE

4 🔊 42 Écoutez et répétez.

PRODUCTION ÉCRITE

5 Partagez votre dessert favori. Complétez la recette suivante.

Voici la recette de mon dessert favori. C'est un dessert .... (nationalité).

Liste des ingrédients :
- ....
- ....
- ....
- ....
- ....
- ....
- ....

Préparation :
Utilisez les mots *verser – ajouter – mélanger – faire cuire – mettre.*

1. ....
2. ....
3. ....
4. ....
5. ....
6. ....

Bon appétit !

Cuisines du monde • Unité 7

UNITÉ 7

LEÇON 3 • Plat du jour

VOCABULAIRE

1 **Classez les mots dans la bonne colonne.**

canard à l'orange – tarte au citron – vin blanc doux – gâteau de fromage blanc – soupe de poisson – cocktail Bora Bora sans alcool – soupe blanche aux herbes – saumon aux poires – salade printanière – macarons à l'ancienne – choucroute aux viandes – Porto

Apéritifs	Entrées	Plats principaux	Desserts

2 **Associez.**

a. Bonjour, quel plat du jour vous proposez ?
b. Vous désirez un apéritif pour commencer ?
c. Qu'est-ce que vous conseillez en entrée ?
d. Vous prenez un dessert ?
e. Vous avez des cocktails ?

1. Je vous conseille la salade de chèvre chaud.
2. Oui, bien sûr ! Voici la liste.
3. Aujourd'hui, nous avons un délicieux gratin dauphinois.
4. Non, merci, seulement de l'eau.
5. Oui, la mousse au chocolat.

GRAMMAIRE

3 **Trouvez 8 verbes qui se conjuguent avec l'auxiliaire *être*.**

Verbes présents dans la grille *aller – sortir – manger – devenir – verser – entrer – partager – descendre – faire – dire – venir – couper – partir – saler – tomber – ajouter.*

D	E	S	C	E	N	D	R	E	S	C	A	G	X
I	Q	Q	P	V	E	N	I	R	N	O	J	M	A
R	O	L	D	E	V	E	N	I	R	U	O	F	L
E	P	A	R	T	A	G	E	R	A	P	U	S	A
A	P	A	R	T	I	R	D	N	L	E	T	O	L
O	E	M	A	N	G	E	R	C	T	R	E	R	L
F	A	I	R	E	D	Ç	J	Y	T	R	R	T	E
K	I	J	T	O	M	B	E	R	E	Ç	E	I	R
Z	S	A	L	E	R	A	P	F	M	Y	F	R	T
E	X	R	Ç	H	U	V	V	E	R	S	E	R	F

Unité 7 • Cuisines du monde

4 Complétez les textes au passé composé.

a.

●●●●○
Tajines délicieux et cadre sympathique.
Nous avons pris des tajines très bons (mon conjoint .... (*trouver*) ça trop sucré). Le thé à la menthe est vraiment bon ! La décoration est très jolie. Le patron .... (*être*) très sympathique.

Date de la visite : septembre 2019

b.

●●●●●
Le poisson est excellent.
De passage à Hammamet, j'............................ (*adorer*) l'ambiance, le personnel, le cadre, le décor et la qualité des plats.

Date de la visite : août 2019

c.

●●●○○
Agréable découverte !
Nous .... (*venir*) dans ce restaurant avec mon conjoint un samedi soir et nous .... (*trouver*) le cadre très agréable. Une belle découverte !

Date de la visite : février 2019

d.

●●●●●
Rien à dire !
Nous .... (*apprécier*) le service, très bonne ambiance. Nous .... (*adorer*) les plats de poisson !

Date de la visite : juillet 2017

Adapté de www.tripadvisor.fr

5 Complétez avec *qu'est-ce que c'est – combien – quel – quelle*.

a. .... est l'accompagnement du saumon ?
b. Nous devons mettre .... de grammes de farine ?
c. .... le poulet basquaise ?
d. .... de minutes je dois mettre le gâteau au four ?
e. .... quantité de gingembre je dois utiliser ?
f. .... la béchamel ?

PHONÉTIQUE

6 Lisez à voix haute, en un seul souffle.

a. C'est délicieux.
b. Pour cette recette, il faut : des œufs, du beurre, de la farine et du sucre.
c. Nous cuisinons.
d. Vous cuisinez bien.
e. La cuisine marocaine.
f. La banane, la pomme et les fraises sont des fruits.
g. C'est fade.
h. Un grand chef libanais.

Cuisines du monde • Unité 7

UNITÉ 7

LEÇON 4 • On se fait un resto ?

VOCABULAIRE

1 Complétez la grille.

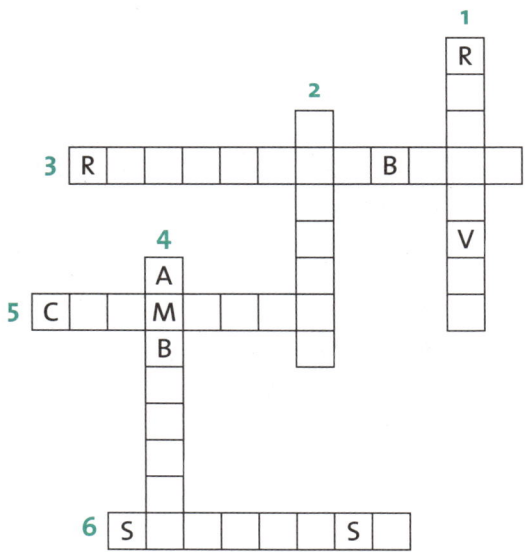

Vertical :

1. Je voudrais .... une table pour 2, s'il vous plaît!
2. Pour mon anniversaire, je vais .... tous mes amis au resto.
4. Le serveur est très désagréable. Quelle mauvaise .... ici !

Horizontal :

3. Ce restaurant n'est pas trop cher, les prix sont ....
5. Ce n'est pas le bon accompagnement. Il y a un problème dans ma ....
6. Elle sert les plats au restaurant. C'est la ....

COMPRÉHENSION ORALE

2 🔊 43 Écoutez et répondez aux questions.

A. Vrai (V) ou faux (F) ?

	V	F
a. Célia propose à Olivia de déjeuner avec elle.		
b. Olivia et Célia vont déjeuner ensemble jeudi.		
c. Le rendez-vous du déjeuner est à 12h30.		

B. Écoutez encore et complétez.

a. Demain, je suis .... pour déjeuner à midi.
b. Moi non, ... ! Demain, j'ai un déjeuner de travail.
c. On .... à la Crêperie Normandin ?
d. Ok, ... ! À vendredi !

84 Unité 7 • Cuisines du monde

PRODUCTION ÉCRITE

3 Voici une invitation pour un repas entre amis. Refusez et dites pourquoi vous ne pouvez pas aller au dîner.

Coucou les amis ! Ça fait longtemps !... Vous voulez venir chez moi samedi prochain, vers 19h ? Si le temps est avec nous, on peut même profiter du jardin pour faire un barbecue.
Impatient de vous retrouver !
Ludo.

4 Vous souhaitez réserver une table pour 6 personnes. Écrivez le dialogue.

BILAN GRAMMAIRE

1 Complétez avec l'article partitif.

a. – Vous buvez .... lait au petit-déjeuner ?
– Non, je ne bois pas .... lait, je bois uniquement .... thé.

b. – Tu manges .... saucisses le matin ?
– Non, je ne mange pas .... viande la matin. Je prends .... céréales.

c. – Est-ce qu'il faut .... œufs pour cette recette de crêpes marocaines ?
– Non, pas .... œufs, seulement .... farine, ... l'eau tiède et un peu de sucre.

2 Classez les verbes dans la bonne colonne et conjuguez les verbes au passé composé.

	AVOIR	ÊTRE	PASSÉ COMPOSÉ
Ex: Finir	Finir		*Elle a fini.*
1. Faire			Tu ....
2. Naître			Elle ....
3. Monter			Ils ....
4. Descendre			Tu ....
5. Entrer			Je ....
6. Commander			Elles ....
7. Aller			Elle ....
8. Dîner			Nous ....
9. Mélanger			Tu ....

3 Complétez le texte au passé composé.

La semaine dernière, Estelle et Guillaume .... (*réserver*) une table pour deux dans un restaurant turc. Ils .... (*arriver*) à 20h. Un serveur .... (*venir*) immédiatement leur présenter le menu. Ils .... (*choisir*) des plats différents pour goûter de nouvelles saveurs. Ils .... (*trouver*) les plats délicieux et pas chers ! Ils .... (*partir*) du restaurant très satisfaits. Malheureusement, leur dîner romantique .... (*finir*) mal : quand Estelle .... (*sortir*) de la voiture, elle .... (*tomber*) et .... (*déchirer*) son pantalon !

4 Remettez les phrases dans l'ordre.

a. Je / sucrés. / peu d' / mange / aliments
....

b. ne / fruits et légumes. / Nous / pas / consommons / assez de
....

c. voudrais / 5 kilos / pommes de terre. / de / Je
....

d. Vous / trop / salés. / consommez / produits / de
....

e. cuillère / Ajoutez / huile d'olive. / d' / une
....

Unité 7 • Cuisines du monde

BILAN VOCABULAIRE

1 Soulignez les éléments de la liste qui ne sont pas sur cette table de petit-déjeuner.

une cuillère – du beurre – de la confiture – du miel – du fromage – un yaourt – une serviette – des crêpes – des céréales – du pain – un verre – des fruits – du café – du thé – du jus d'orange – un couteau – des croissants

2 Complétez le tableau avec les mots.
tofu – bacon – pommes de terre – gingembre – sauce soja – saucisses – riz – œufs brouillés

Ingrédients du petit-déjeuner asiatique	Ingrédients du petit-déjeuner américain
1.	1.
2.	2.
3.	3.
4.	4.

3 Complétez les mots fléchés. Aidez-vous des images et des mots proposés.
couper – mélanger – râper – verre – cuillère – serviette – fourchette

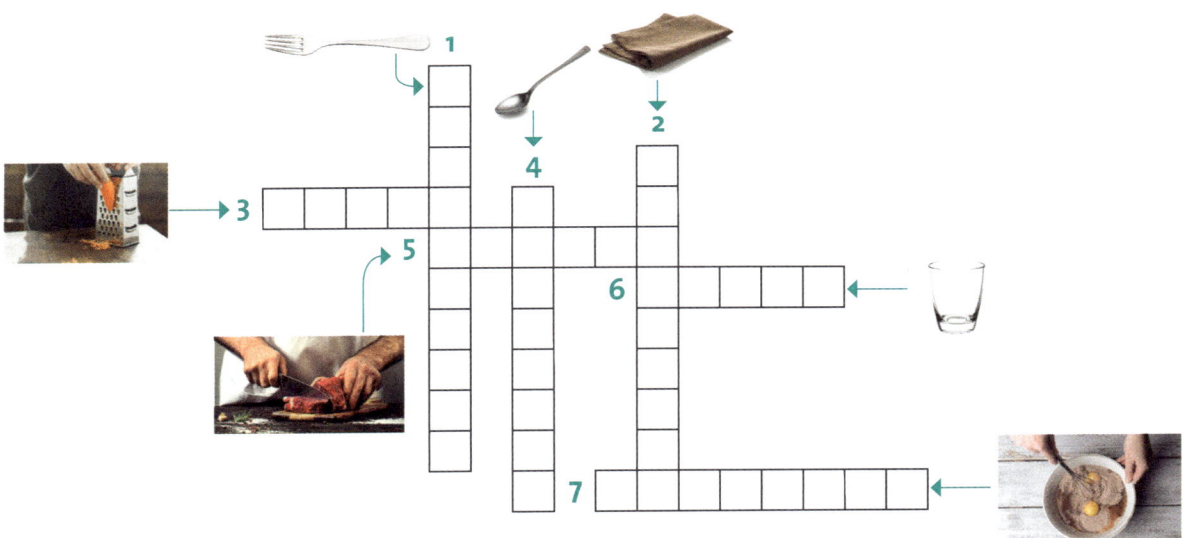

4 Écrivez 10 mots de l'unité 7.

....
....
....

Cuisines du monde • Unité 7

ENTRAÎNEMENT AU DELF A1

COMPRÉHENSION ORALE

1 🔊 44 **Écoutez les dialogues. Complétez les réponses.**

a. Dans quel dialogue on propose un rendez-vous ? Dialogue n° ....
b. Dans quel dialogue on réserve une table ? Dialogue n° ....
c. Dans quel dialogue on a un problème ? Dialogue n° ....
d. Dans quel dialogue on refuse une invitation ? Dialogue n° ....
e. Dans quel dialogue on fait la liste des ingrédients ? Dialogue n° ....

2 🔊 45 **Votre amie Coralie vous laisse un message sur votre boîte vocale. Répondez aux questions.**

a. Ce message est une invitation pour

☐ déjeuner. ☐ dîner. ☐ prendre le petit-déjeuner.

b. Quel jour est le rendez-vous ?

....

c. À quelle heure est le rendez-vous ?

☐   ☐   ☐

d. Que vont faire Carmo et Louise ?

....

COMPRÉHENSION ÉCRITE

Lisez les menus. Répondez aux questions.

1.

MENU

Apéritif
Vin blanc doux

Entrée
Salade printannière

Plat principal
Saumon aux poires

Desserts
Tarte au citron

2.

MENU

Apéritif
Cocktails de fruits sans alcool

Entrée
Soupe blanche aux herbes

Plat principal
Canard à l'orange

Desserts
Gâteau au fromage blanc

3.

MENU

Apéritif
Vin de la maison

Entrées
Salade printannière

Plat principal
Tofu à l'orange

Desserts
Crêpe à la confiture de fraise

4.

MENU

Apéritif
Porto

Entrées
Soupe de légumes

Plat principal
Rougail Saucisses

Desserts
Fromages

a. Vous êtes végétarien(ne), quel menu est pour vous ?   Menu ....
b. Vous adorez le poisson, quel menu est pour vous ?   Menu ....
c. Vous n'aimez pas les desserts sucrés, quel menu est pour vous ?   Menu ....
d. Vous n'aimez pas l'alcool, quel menu est pour vous ?   Menu ....

PRODUCTION ÉCRITE

Vous êtes allé(e) dans un restaurant au Maroc. Écrivez un commentaire sur le site Internet du restaurant.

PRODUCTION ORALE

Formulez des questions à l'aide des post-it. Utilisez le sujet *vous*.

Restaurant

gingembre

dessert

ingrédients

petit-déjeuner

boisson

UNITÉ 8 — Bon voyage !

LEÇON 1 • Les grands aventuriers

VOCABULAIRE

1 Complétez la grille.

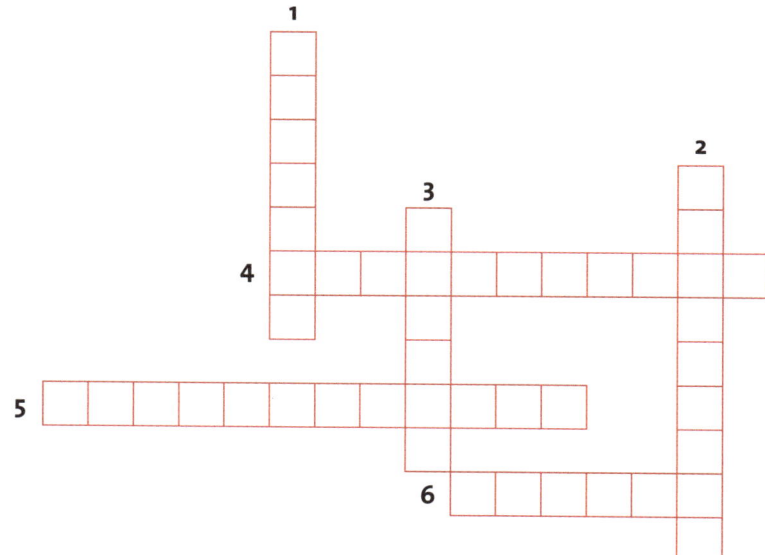

Horizontal
4. Les explorateurs font des… scientifiques.
5. J'aime explorer la nature. Je suis une…
6. Le milieu de la forêt amazonienne est très…

Vertical
1. Je suis fait de glace. Je suis un…
2. Il a traversé les… de l'Himalaya.
3. Je suis un milieu très chaud. Je suis un…

2 Complétez le texte avec les mots *adaptation – milieux – expéditions – aventure – difficiles – risquer*.

Les explorateurs traversent souvent des .... extrêmes. Ils doivent être capables de rester dans des conditions .... et avoir une grande capacité d'............................... Pendant leurs ...., ils peuvent .... leur vie. Pour faire ce métier, il faut aimer l'............................... !

GRAMMAIRE

3 Complétez avec *depuis – il y a – dans*.
a. Nous sommes allés en Indonésie .... deux ans.
b. Mes amis et moi allons partir au Maroc .... trois mois.
c. .... mon enfance, je rêve d'être explorateur.
d. .... un mois, je vais explorer la forêt amazonienne.
e. Ils explorent les glaciers .... quinze ans.
f. .... cinq ans, elle est partie seule dans le désert.

4 Mettez les verbes au passé composé.

L'explorateur Christian Clot .... (*commencer*) à voyager à l'âge de 16 ans. En 1999, il .... (*partir*) à pied au Népal. C'est à ce moment qu'il .... (*avoir*) envie de devenir explorateur. Dans une de ses aventures, il .... (*rester*) 30 jours, seul, dans 4 milieux extrêmes de la planète. Il .... (*traverser*) le désert du Dasht-e Lut, en Iran, par 70° au soleil. En Patagonie, il .... (*explorer*) les canaux marins avec beaucoup de vent. Là, il .... (*risquer*) sa vie : il .... (*tomber*) à l'eau, dans la glace. Pour terminer, il .... (*aller*) dans la forêt amazonienne et il .... (*traverser*) les montagnes de Verkhoïansk, en Russie. Il .... (*dormir*) sous sa tente à -55 °C.

COMPRÉHENSION ÉCRITE

5 Lisez le texte. Complétez la fiche de l'explorateur.

Nicolas Vanier est né le 5 mai 1962 à Dakar au Sénégal. Il grandit en Sologne, en France, et se passionne pour le Grand Nord, très jeune. Depuis 1982, il explore les régions extrêmement froides du Grand Nord et traverse la Laponie, le Canada, le Yukon, l'Alaska, la Sibérie. Écrivain, il a aussi réalisé des documentaires et des films comme *L'enfant des neiges* en 1995, *L'Odyssée blanche* en 1999 ou *Le dernier trappeur* en 2004.

Nom : ....

Prénom : ....

Âge : ....

Lieu de naissance : ....

Ses 3 métiers : ....

PRODUCTION ÉCRITE

6 Vous êtes des explorateurs. Racontez votre expédition et donnez vos impressions.

Aidez-vous des mots *magnifique – fantastique – catastrophique – impressionnant – spectaculaire – difficile*.

Exemple : Il y a un an, j'ai traversé le désert. Je suis restée 3 jours sans boire et sans manger. C'était horrible !

1. Le désert   **2.** La forêt amazonnienne   **3.** Les Himalayas   **4.** Un glacier en Atlantique

....
....
....
....

7 Répondez aux questions.

a. Est-ce que vous aimez les voyages d'aventure ? Pourquoi ?

....

b. Est-ce que vous avez déjà fait un voyage dans un milieu difficile ? Avez-vous déjà risqué votre vie ?

....

UNITÉ 8

LEÇON 2 • Dépaysement

VOCABULAIRE

1 Retrouvez les mots.
chaud – froid – neige – nuages – orage – soleil – tempête – vent

R	X	F	R	C	B	L	Q	O	K	K	I	N	N	K	T	C	L
H	G	B	D	Z	C	H	L	P	L	F	E	P	O	E	U	U	Q
Y	V	H	Q	O	R	G	W	D	C	T	Q	U	R	J	I	B	K
Ç	U	L	Q	X	G	H	S	Q	E	U	S	D	A	L	T	G	Q
D	R	V	F	R	O	I	D	P	I	C	N	A	G	L	H	E	E
Z	J	T	E	G	Z	I	M	L	A	Z	H	U	E	U	Z	F	X
P	H	D	Ç	N	E	E	V	K	D	P	G	A	A	J	S	Z	X
A	O	V	R	S	T	B	Y	F	S	P	S	M	U	G	W	H	X
O	K	A	G	S	O	L	E	I	L	H	V	W	U	D	E	E	M
G	L	U	M	L	J	Z	N	Ç	S	W	D	R	L	P	M	S	R

2 Complétez avec *Il pleut. – Il neige. – Il fait soleil. – Il y a du vent.*

a. .... b. .... c. .... d. ....

GRAMMAIRE

3 Complétez avec *plus, moins, aussi*.
a. Il fait .... chaud à Madagascar qu'en France.
b. Yaoundé est une ville .... cosmopolite que Casablanca.
c. Les Camerounais sont .... gentils que les Marocains.
d. La ville de Saint-Denis est .... ancienne que la ville de Lyon.
e. Faire une croisière est .... cher que faire du camping.

4 Associez.
a. Pourquoi il y a beaucoup d'orages en ce moment sur l'île ?
b. Pourquoi vous aimez le festival des Baleines ?
c. Pourquoi votre adaptation dans le pays a été difficile ?
d. Pourquoi vous êtes venue vivre en France ?

1. Parce que le climat est très différent.
2. Parce que c'est un festival exceptionnel !
3. Parce que je fais des études dans le commerce international.
4. Parce que c'est la saison humide.

5 **Faites des phrases pour comparer les deux éléments.**

   Exemple : à Minsk -4°C / à Moscou -8°C / froid. → Il fait moins froid à Minsk qu'à Moscou.

   a. à Rome 27°C / à Athènes 27°C / chaud.
   ....

   b. à Oslo - 1°C. / à Paris 10°C / froid
   ....

   c. Une nuit à l'hôtel : 65 euros / Une nuit en camping : 20 euros / cher
   ....

   d. Genève : 499 480 habitants / Lyon : 516 092 habitants / peuplé
   ....

   e. Sidon (Liban) : 4000 av. J-C / Médinet el-Fayoum (Égypte) : 4000 av. J-C / ancien
   ....

PHONÉTIQUE

6 🔊 46 **Entendez-vous le son [wa] ? Cochez oui ou non.**

	1.	2.	3.	4.	5.	6.
Oui						
Non						

PRODUCTION ÉCRITE

7 **Vacances à l'hôtel ou en camping ? Comparez avec les adjectifs.**
cher – confortable – calme – fatigant – connecté au wifi – proche de la nature
Exemple : Les vacances en camping c'est plus animé.

....
....

8 **Répondez aux questions.**

   a. Pourquoi les personnes aiment voyager ?
   ....

   b. Pourquoi les explorateurs aiment les expéditions dans la nature ?
   ....

   c. Est-ce que vous aimez le désert ? Pourquoi ?
   ....

Bon voyage ! • Unité 8

UNITÉ 8

LEÇON 3 • En voyage

VOCABULAIRE

1 Associez.

a. les écouteurs   c. le lit simple   e. l'hôtesse de l'air   g. le lit double
b. le robot   d. atterrir   f. la valise   h. le chargeur

1 ...... 2 ...... 3 ...... 4 ...... 5 ...... 6 ...... 7 ...... 8 ......

2 Reconstituez les mots dans le dialogue.

Employée : Votre passeport et votre carte d'(B-A-R-E-M-Q-U-E-M-E-N-T) ....T, s'il vous plaît.

Passager : Voilà.

Employée : Alors… C'est le vol pour Montréal… Oh, je suis vraiment désolée l'(I-V-O-N-A) ....N est (T-A-R-É-D-E-R) ....É.

Passager : Oh non! Ce n'est pas possible !

Employée : Oui, c'est à cause des conditions (T-É-O-M-É) ....O. Mais on peut quand même faire l'(I-N-E-S-T-R-E-M-E-N-T-R-E-G) ....T

Passager : D'accord.

Employée : Vos (G-A-B-A-G-E-S) ....S, s'il vous plaît. Vous savez seulement un bagage à main ?

Passager : Oui, c'est un voyage d'(A-R-A-I-F-F-E-S) ....S pour une journée.

Employée : Parfait! Voilà votre carte d'embarquement et votre passeport. Vous pouvez vous rendre à la porte 14D. Bon voyage !

Passager : Merci.

GRAMMAIRE

3 Associez.

a. Nous sommes très fatigués...   1. alors je vais travailler sur mon ordinateur.
b. Les conditions météo ne sont pas bonnes...   2. donc je vais devoir payer un supplément.
c. Le vol est retardé d'une heure...   3. donc nous allons appeler le réceptionniste.
d. Ma valise a trop de kilos...   4. alors nous allons dormir un peu.
e. L'hôtel n'a pas les services annoncés... 5. donc l'avion ne va pas pouvoir partir.

PHONÉTIQUE

4 Lisez à haute voix.

a. J'ai perdu mon chargeur de téléphone.
b. Je suis très fatiguée.
c. Les passagers enregistrent les bagages.
d. Il y a beaucoup d'orages.
e. Le passager a un passeport digital.
f. Je vais au guichet d'enregistrement.

5 🔊 47 Écoutez et cochez les bonnes réponses.

	1	2	3	4	5	6
a. Quels mots ont le son [ʒ] ?						
b. Quels mots ont le son [g] ?						

COMPRÉHENSION ORALE

6 🔊 48 Écoutez et répondez aux questions.

a. Soulignez les mots que vous entendez.
   bonsoir – adulte – nuit – valise – connexion – camping – réservation

b. Vrai (V) ou faux (F) ? Cochez la bonne réponse.

	V	F
1. Le client réserve un lit double.		
2. le client a une salle de bains individuelle.		
3. La nuit à l'hôtel coûte 65 euros.		
4. Le petit-déjeuner est inclus.		
5. Il y a Internet à l'hôtel.		
6. La réservation est au nom de MONGERRI.		

c. Comment s'appelle le client ? ....

UNITÉ 8

LEÇON 4 • Vie quotidienne

VOCABULAIRE

1 Complétez la grille.

valise – carrousel – embarquement – appareils – déclaration – décollage – soute – remboursement

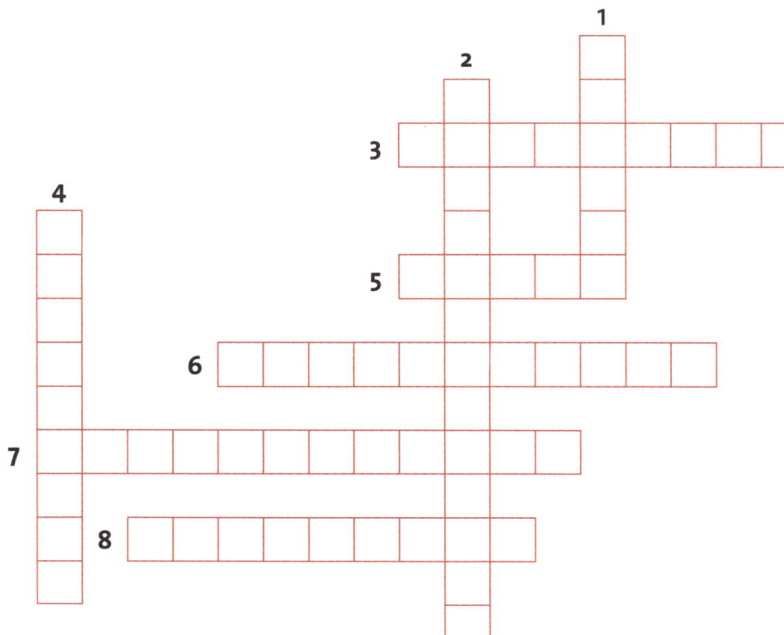

Horizontal

3. L'heure du... est à 14h15.
5. Vous avez un bagage en...
6. Vous devez remplir une... de perte de bagages.
7. Votre carte d'... s'il vous plaît !
8. Nos bagages ne sont pas au...

Vertical

1. Mes vêtements sont dans ma...
2. Je vais demander un...
4. Tu as des... électroniques ?

2 Associez.

a. nom de la compagnie aérienne
b. numéro de siège
c. nom du passager
d. numéro du vol
e. date du vol
f. destination
g. heure d'embarquement
h. heure de décollage
i. porte d'embarquement

1. Japon
2. Air Company
3. 17 B
4. LJV7865
5. 20 DEC 18
6. 6:45
7. Yasuo Aikiko
8. 7:15
9. 04

3 Complétez le texte avec les mots *déclaration – délai – carrousel – aide – remboursement – valise – livrer*.

— Bonjour, je peux vous aider ?
— Oui, bonjour. J'ai voyagé sur le vol Air Transat 3678 Montréal-Paris et ma .... est perdue ! Elle n'est pas au ....
— Je vois dans notre système informatique qu'elle est restée à Montréal... On va mettre votre valise sur le prochain vol Montréal-Paris et on va vous .... ça demain. Quelle est votre adresse ici ?
— Je vais rester chez une amie au 36, rue de Tolbiac.
— D'accord. SVP, complétez la .... de perte de bagage. Et bien sûr, vous pouvez demander un .... si la valise n'arrive pas dans le .... indiqué.
— Merci pour votre .... !

COMPRÉHENSION ÉCRITE

4 Remettez le dialogue dans l'ordre de 1 à 10.

- [10] – D'accord. Pour finir, je vous laisse écrire votre nom et signer.
- [ ] – Oui, bien sûr ! C'est quelle compagnie aérienne ?
- [ ] – Air Transat, d'accord. Le numéro, l'origine et la destination du vol, s'il vous plaît.
- [ ] – Des vêtements dans votre valise ?
- [ ] – Air Transat.
- [ ] – Des appareils électroniques ?
- [ ] – Oui, des vêtements.
- [ ] – FRT3678, Montréal, Paris
- [ ] – Non, seulement un chargeur de téléphone.
- [1] – Bonjour, je voudrais remplir une déclaration de perte de bagages.

COMPRÉHENSION ORALE

5 🔊 49 Écoutez et cochez la bonne réponse.

a. La cliente veut un billet de train pour
- ☐ Bruxelles
- ☐ Paris

b. La cliente veut partir le
- ☐ 13 février
- ☐ 16 février

c. Elle prend le train de
- ☐ 8h45
- ☐ 6h45

d. Le billet coûte
- ☐ 44 euros
- ☐ 34 euros

PRODUCTION ÉCRITE

6 Répondez aux questions suivantes.

a. Vous partez en voyage ? Que mettez-vous dans votre valise en soute ? Et dans votre sac de voyage en cabine ?

Dans ma valise, je mets ....

....

Dans mon sac de voyage en cabine, je mets ....

....

b. Votre valise est perdue ! Proposez trois solutions pour cette situation.

Solution 1 : ....

Solution 2 : ....

Solution 3 : ....

Bon voyage ! • Unité 8

BILAN GRAMMAIRE

1 Mettez les mots dans l'ordre.

a. a traversé / il y a / Elle / l'Atlantique / un an.
b. Dans / je / au Canada / six mois / vais m'installer.
c. 5 ans / en France / depuis / J'habite.
d. la chambre / avons réservé / il y a / Nous / deux jours.
e. aime / l'enfance / Il / depuis / l'aventure.

2 Complétez les phrases avec les verbes *avons réservé – est venue – a perdu – a été – ont traversé – est restée*.

a. Elle .... du Cameroun il y a 3 ans.
b. Au début, l'adaptation .... difficile.
c. Toute ma famille .... au Cameroun.
d. Nous .... une chambre double à l'hôtel.
e. Il .... sa valise.
f. L'année dernière, ils .... le désert.

3 Mettez les verbes au passé composé.

Mike Horn **naît** (1) le 16 juillet 1966 à Johannesburg en Afrique du Sud. En 1990, sa vie **change** (2) et il **part** (3) vivre en Suisse. En 1997, il **traverse** (4) l'Atlantique et en 1999, il **fait** (5) le tour de la Terre à la voile et à pied. En 2001, il **gagne** (6) le Laureus Award du meilleur sportif alternatif. Entre 2002 et 2019, il **réalise** (7) des expéditions dans le Grand Nord et il **risque** (8) souvent sa vie.

1. ....
2. ....
3. ....
4. ....
5. ....
6. ....
7. ....
8. ....

4 Complétez avec *plus – moins – aussi* à partir des informations suivantes.

Matin		Après-midi 	
Antananarivo	16°C	Antananarivo	26°C
Milandrivazo	25°C	Milandrivazo	30°C
Toliara	23°C	Toliara	30°C
Fianarantsoa	18°C	Fianarantsoa	23°C

a. Sur l'île de Madagascar, il fait .... beau l'après-midi que le matin.
b. L'après-midi, il fait .... chaud à Milandrivazo qu'à Toliara.
c. Le matin, il fait .... froid que l'après-midi.
d. Le matin, il fait .... beau à Milandrivazo qu'à Toliara.
e. Le matin, il fait .... froid à Milandrivazo qu'à Antananarivo.
f. L'après-midi, il fait .... froid à Fianarantsoa qu'à Milandrivazo.

5 Associez le début et la fin des phrases.

a. Je déteste l'avion
b. Elle est fatiguée
c. Une tempête est annoncée
d. Ils ont le mal du pays
e. Nous ne trouvons pas notre valise

1. parce que leur famille est loin.
2. alors nous allons demander de l'aide.
3. parce que le voyage a été long.
4. alors je vais voyager en train.
5. donc je ne peux pas visiter l'île.

BILAN VOCABULAIRE

1 Associez le début et la fin de l'expression.

a. un milieu
b. traverser le
c. réserver une
d. il y a des
e. la carte d'
f. le comptoir d'
g. salle de bain
h. chambre
i. compagnie
j. heure du

1. nuit
2. aérienne
3. enregistrement
4. désert
5. double
6. humide
7. décollage
8. tempêtes
9. embarquement
10. privative

2 Soulignez l'expression qui n'est pas représentée dans les images.

Il pleut. – Il fait soleil. – Il y a de l'orage. – Il y a des nuages. – Il neige. – Il fait froid.

3 Soulignez 5 mots ou expressions associés au voyage en avion.

aéroport – expédition - carte d'embarquement – dépaysement – bateau – bagages en soute – réceptionniste – expatriation – atterrir – hôtesse de l'air

4 Associez le début et la fin de la phrase.

a. Ma valise est perdue !
b. Complétez la
c. Vous pouvez demander un
d. Pourriez-vous
e. Comment peut-on aller
f. Merci pour vos

1. me renseigner ?
2. renseignements.
3. sur l'île ?
4. déclaration de perte de bagages.
5. Elle n'est pas au carrousel !
6. remboursement.

5 Écrivez 10 mots de l'unité 8.

....
....
....

ENTRAÎNEMENT AU DELF A1

COMPRÉHENSION ORALE

50 Écoutez les annonces. Cochez les bonnes réponses.

a. Le numéro du vol est :
- ☐ 348.
- ☐ 388.

L'embarquement a lieu :
- ☐ porte 6.
- ☐ porte 16.

b. Le poids maximum des bagages à main est de :
- ☐ 10 kilos.
- ☐ 12 kilos.

c. Quelle est la météo à l'arrivée ?
- ☐ Il fait beau.
- ☐ Il fait froid.

Les bagages peuvent être récupérés :
- ☐ au carrousel 2.
- ☐ au carrousel 12.

d. Le numéro du TGV est :
- ☐ 6913.
- ☐ 6973.

Le TGV a un retard de :
- ☐ 15 minutes.
- ☐ 5 minutes.

COMPRÉHENSION ÉCRITE

Lisez et répondez aux questions.

Hôtel Garonne ★★★
27, Rue de la Libération
31005 Toulouse
Tél. : 05 24 03 40 20
À dix minutes du centre-ville.
Hôtel calme et confortable.
Chambres doubles avec salles de bains communes à l'étage.
35 euros la nuit par personne avec petit-déjeuner.

HÔTEL ROYAL ★★★★
6, Place du Capitole
31005 Toulouse
Tél. : 05 12 38 00 20
Dans le centre historique. Hôtel confortable et bien situé.
Lit simple avec salle de bains individuelle.
75 euros la nuit par personne avec petit-déjeuner.

Camping Ouré ★
15, Chemin du Pont d'Ouré
31200 Toulouse
Tél. : 05 65 13 58 57
À 1h de la ville de Toulouse.
Toutes commodités : WIFI, grandes salles de bains, cafétéria, salle de sport, location de vélos.
18 euros la nuit.

Auberge de Jeunesse Le Canal ★★
28 Rue du Midi
310005 Toulouse
Tél. : 05 75 46 23 10
Proche du centre-ville et du métro.
Chambres pour 6 personnes, salles de bains communes.
25 euros la nuit par personne avec petit-déjeuner.

a. Vous voulez réserver une chambre simple avec salle de bain privative. Vous allez dans quel hôtel ?

b. Vous préférez être au calme dans la nature. Vous devez appeler quel numéro ?

c. Vous voulez réserver une chambre pour deux personnes. Vous allez dans quel hôtel ?

d. Vous êtes étudiant et vous voulez réserver une chambre pour vous et pour vos 3 amis. Vous devez aller à quelle adresse ?

PRODUCTION ÉCRITE

Vous êtes en vacances. Vous envoyez une carte postale à un ami en Suisse.
Vous parlez de la météo et des activités que vous faites.

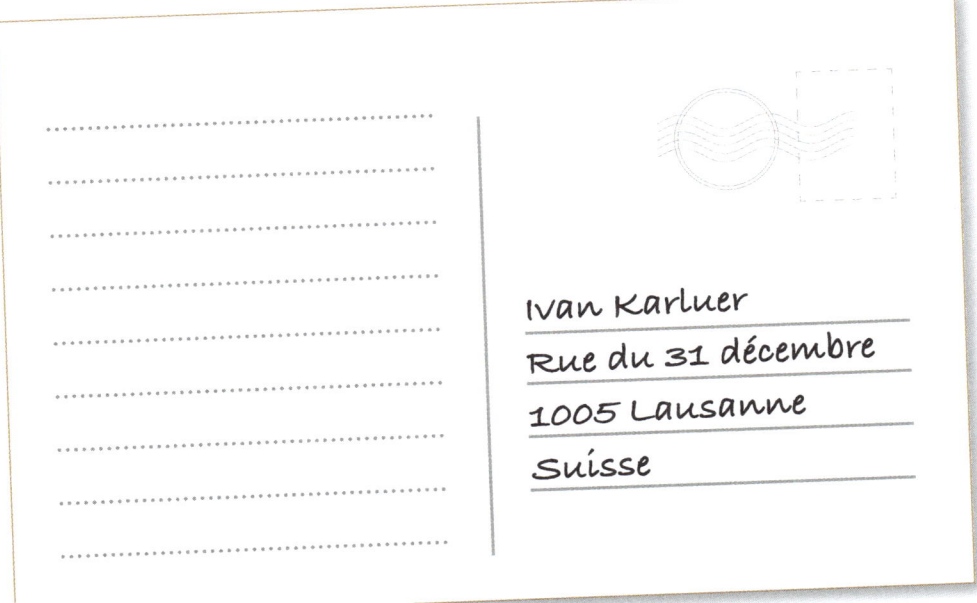

PRODUCTION ORALE

Formulez des questions à l'aide des post-it. Utilisez le sujet *vous*.

DELF A1 – Épreuve type

COMPRÉHENSION ORALE — 25 points

1 🔊 51 **Vous êtes en vacances en France. Écoutez le bulletin météo et répondez aux questions.**

a. Quel temps fait-il en France ? Cochez la bonne réponse. ... / 2 points

1. ☐   2. ☐   3. ☐

b. Complétez la carte de France avec les températures pour chaque ville. ... / 6 points

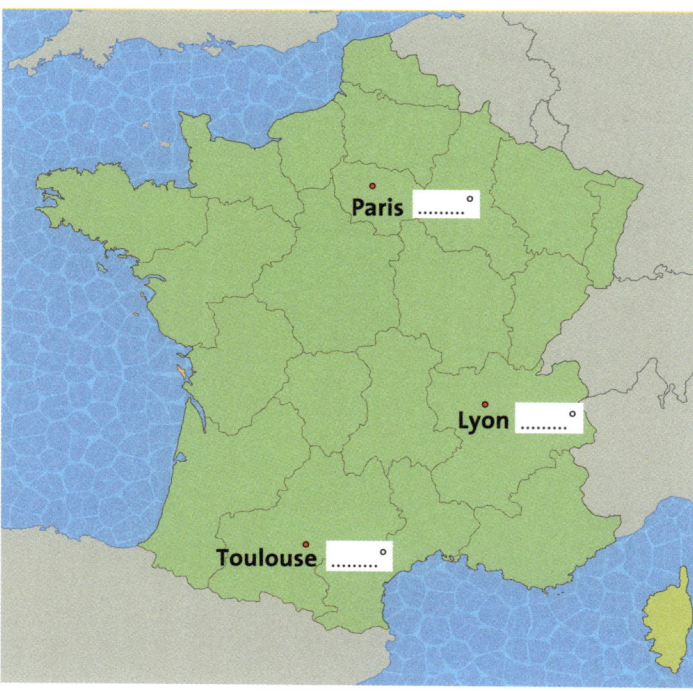

2 🔊 52 **Vous recevez ce message sur votre répondeur. Écoutez le message et répondez aux questions.**

a. La personne est… ... / 1 point

☐ une amie.   ☐ une vendeuse.   ☐ un employé de banque.

b. Qu'est-ce que vous devez aller chercher ? ... / 2 points

☐ une carte d'identité.   ☐ une carte téléphonique.   ☐ une carte de crédit.

c. À quelle heure c'est possible ? ... / 2 points

☐ entre 9h et 17h.   ☐ entre 8h et 17h.   ☐ entre 9h et 18h.

d. Complétez le numéro de téléphone. ... / 2 points

04 77 _ _ 59 _ _

3 🔊 53 Vous allez entendre 4 petits dialogues correspondant à 5 situations différentes. Écrivez, sous chaque image, le numéro du dialogue correspondant. Attention, il y a 5 images (a, b, c, d, e) mais seulement 4 dialogues.

a. Dialogue n° ....

b. Dialogue n° ....

c. Dialogue n° ....

d. Dialogue n° ....

e. Dialogue n° ....

... / 10 points

COMPRÉHENSION ÉCRITES

25 points

1

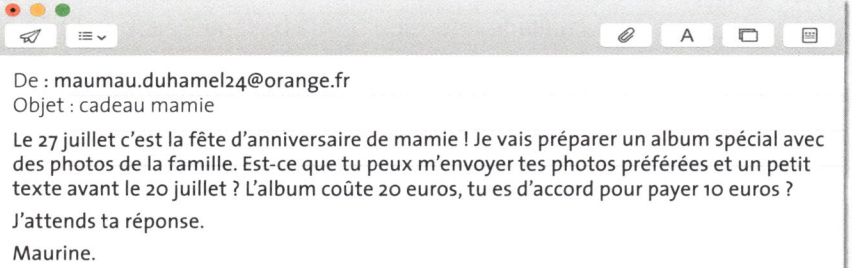

De : maumau.duhamel24@orange.fr
Objet : cadeau mamie

Le 27 juillet c'est la fête d'anniversaire de mamie ! Je vais préparer un album spécial avec des photos de la famille. Est-ce que tu peux m'envoyer tes photos préférées et un petit texte avant le 20 juillet ? L'album coûte 20 euros, tu es d'accord pour payer 10 euros ?
J'attends ta réponse.
Maurine.

Vous recevez ce courriel.
Répondez aux questions.

a. La fête d'anniversaire a lieu :   ... / 2 points
☐ le 20 juillet.
☐ le 27 juillet.
☐ le 10 juillet.

b. Maurine veut offrir :   ... / 2 points

☐   ☐   ☐

c. Qu'est-ce que vous devez envoyer à Maurine ?   ... / 2 points

....

d. Combien d'argent vous devez donner à Maurine ?   ... / 2 points

....

DELF A1 – Épreuve type

2 Vous êtes en France. Vous lisez ces petites annonces dans un journal. Répondez aux questions.

Jeune femme, cherche un.e professeur.e de zumba pour pratiquer avant la date du mariage, le 18 juillet.
Contacter Farida au 07 35 10 04 22. Après 20h.

Le magasin "Mode et accessoires" cherche un vendeur/une vendeuse pour octobre.
Tél. : 01 35 78 64 90

Recherche un.e professeur.e de français pour aider un enfant aux devoirs, après l'école, de 17h à 18h. De mars à juillet.
Tél. : 07 29 39 02 18

"Les délices de la mer" recherche deux serveurs entre le 1er juin et le 30 septembre.
Contacter Roger au 06 28 13 58 57

Avocate cherche un.e secrétaire pour travailler du 15 au 31 août. Tél. : 03 85 64 23 12

---

a. Quel lieu permet de travailler l'été complet ? ... / 3 points

b. Quelle personne vous devez contacter le soir ? ... / 3 points

c. Vous ne pouvez pas travailler l'été.
Quel numéro vous devez appeler ? ... / 3 points

d. Roger travaille : ... / 3 points
☐ dans un magasin.
☐ dans une discothèque.
☐ dans un restaurant.

3 Vous êtes dans la rue. Vous recevez ce flyer. Lisez le document et répondez aux questions.

**VOUS VOULEZ DÉCOUVRIR LA VILLE EN GYROROUE ?
CES BALLADES SONT POUR VOUS !**

Ballade Initiation en semaine   30 minutes   17 euros
Ballade Découverte en semaine   1 heure   30 euros
Ballade Grand Tour le week-end   2 heures   50 euros

Vous voulez plus d'informations ?
N'hésitez pas à nous contacter à l'adresse
info-gyroroue@mobil.com
ou par téléphone au 04 73 14 87 58.

---

a. Vous êtes disponible le samedi.
Quelle ballade est pour vous ? ... / 1,5 points
☐ la ballade Initiation ☐ la ballade Découverte
☐ la ballade Grand Tour

b. Vous êtes étudiant et vous n'avez pas beaucoup d'argent.
Quelle ballade est pour vous ? ... / 1,5 points
☐ la ballade Initiation ☐ la ballade Découverte
☐ la ballade Grand Tour

c. Vous voulez avoir plus d'informations sur ces ballades.
Que devez-vous faire ? ... / 2 points

PRODUCTION ÉCRITE

25 points

1 Vous êtes en vacances en France. Complétez le formulaire de l'hôtel. ... / 10 points

Nom :
Prénom :
Date de naissance :
Nationalité :
Courriel :
Adresse :
Code postal :
Pays :
Téléphone :
Date :

2 Vous cherchez un(e) correspondant(e) francophone pour parler français avec vous. Vous écrivez une annonce sur le site Internet amitiés-francophones.com. Vous vous présentez. Vous vous décrivez et vous parlez de vos activités de loisirs. 40 mots minimum.

... / 15 points

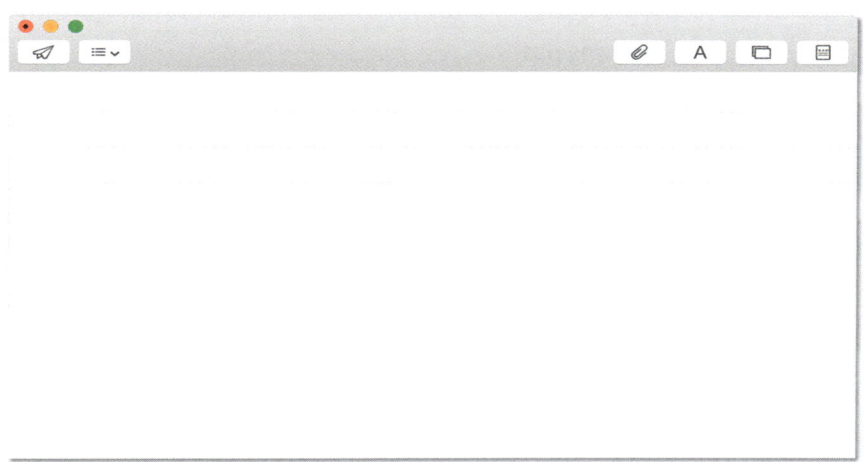

Production orale

25 points

1 Vous répondez aux questions de l'examinateur.

... / 10 points

– Comment vous vous appelez ?
– Quelle est votre nationalité ?
– Quelle est votre profession ?
– Quel est votre âge ?
– Parlez-moi de votre famille. Vous êtes marié ? Vous avez des enfants ? Vous avez des frères et soeurs ?
– Parlez-moi d'une journée habituelle : Vous vous levez à quelle heure ? Qu'est-ce que vous mangez pour le petit déjeuner ?
– Qu'est-ce que vous faites le week-end ?

2 Vous posez des questions à l'examinateur à l'aide des post-it.

... / 10 points

3 Vous jouez la situation avec l'aide de l'examinateur.

... / 5 points

Vous êtes en vacances en France. Vous allez dans un hôtel pour réserver deux nuits. Vous demandez des informations sur le type de chambre, les services proposés (parking, Wifi, petit-déjeuner) et le prix.

CONJUGAISON

Les auxiliaires

	Présent	Impératif	Impératif négatif
avoir	j'ai tu as il/elle a nous avons vous avez ils/elles ont	aie ayons ayez	n'aie pas n'ayons pas n'ayez pas
être	je suis tu es il/elle est nous sommes vous êtes ils/elles sont	sois soyons soyez	ne sois pas ne soyons pas ne soyez pas

Les verbes en -er

	Présent	Impératif	Impératif négatif
acheter	j'achète tu achètes il/elle achète nous achetons vous achetez ils achètent	achète achetons achetez	n'achète pas n'achetons pas n'achetez pas
aimer	j'aime tu aimes il/elle aime nous aimons vous aimez ils/elles aiment	aime aimons aimez	n'aime pas n'aimons pas n'aimez pas
appeler	j'appelle tu appelles il/elle appelle nous appelons vous appelez ils/elles appellent	appelle appelons appelez	n'appelle pas n'appelons pas n'appelez pas
habiter	j'habite tu habites il/elle habite nous habitons vous habitez ils/elles habitent	habite habitons habitez	n'habite pas n'habitons pas n'habitez pas
jouer	je joue tu joues il/elle joue nous jouons vous jouez ils/elles jouent	joue jouons jouez	ne joue pas ne jouons pas ne jouez pas

	Présent	Impératif	Impératif négatif
manger	je mange tu manges il/elle mange nous mangeons vous mangez ils/elles mangent	mange mangeons mangez	ne mange pas ne mangeons pas ne mangez pas
parler	je parle tu parles il/elle parle nous parlons vous parlez ils/elles parlent	parle parlons parlez	ne parle pas ne parlons pas ne parlez pas
payer	je paie/paye tu paies/payes il/elle paie/paye nous payons vous payez ils/elles paient/payent	paie / paye payons payez	ne paie / paye pas ne payons pas ne payez pas
préférer	je préfère tu préfères il/elle préfère nous préférons vous préférez ils/elles préfèrent	préfère préférons préférez	ne préfère pas ne préférons pas ne préférez pas
se lever	je me lève tu te lèèves il/elle se lève nous nous levons vous vous levez ils/elles se lèvent	lève-toi levons-nous levez-vous	ne te lève pas ne nous levons pas ne vous levez pas

Les verbes en -re

	Présent	Impératif	Impératif négatif
mettre	je mets tu mets il/elle met nous mettons vous mettez ils/elles mettent	mets mettons mettez	ne mets pas ne mettons pas ne mettez pas
prendre	je prends tu prends il/elle prend nous prenons vous prenez ils/elles prennent	prends prenons prenez	ne prends pas ne prenons pas ne prenez pas

CONJUGAISON

Les semi-auxiliaires

	Présent	Impératif	Impératif négatif
aller	je vais tu vas il/elle va nous allons vous allez ils/elles vont	va allons allez	ne va pas n'allons pas n'allez pas
devoir	je dois tu dois il/elle doit nous devons vous devez ils/elles doivent	–	–
faire	je fais tu fais il/elle fait nous faisons vous faites ils/elles font	fais faisons faites	ne fais pas ne faisons pas ne faites pas
pouvoir	je peux tu peux il/elle peut nous pouvons vous pouvez ils/elles peuvent	–	–
savoir	je sais tu sais il/elle sait nous savons vous savez ils/elles savent	sache sachons sachez	ne sache pas ne sachons pas ne sachez pas
venir	je viens tu viens il/elle vient nous venons vous venez ils/elles viennent	viens venons venez	ne viens pas ne venons pas ne venez pas
vouloir	je veux tu veux il/elle veut nous voulons vous voulez ils/elles veulent	–	–

LEXIQUE

UNITÉ 0

à bientôt
à tout à l'heure
une année
au revoir
bonjour
bonsoir
c'est très gentil
de rien (« bienvenue »,
 au Québec)
désolé(e)
l'eau
un(e) étudiant(e)
excusez-moi
habiter
je ne sais pas
un jour (lundi, mardi, mercredi,
 jeudi, vendredi, samedi,
 dimanche)
un(e) francophone
la francophonie
le monde
merci
un mois (janvier, février,
 mars, avril, mai, juin, juillet,
 août, septembre, octobre,
 novembre, décembre)
né à...
un nom
pardon
pas de problème
un pays
une personnalité
un prénom
un problème
s'il vous plaît/ s'il te plaît
salut
la semaine

Banque de ressources
un enfant
un état
une femme
un homme
une île
la planète
la vie

UNITÉ 1

une activité
une adresse e-mail
arobase
arriver
un(e) avocat(e)
une capitale
une carte d'identité
une carte de visite
un(e) coiffeur/coiffeuse

contacter
les coordonnées
cordialement
un courriel (un courrier
 électronique)
une date de naissance
un destinataire
un document
donner
un e-mail
étranger/étrangère
être
un événement
un expéditeur
habiter à
un(e) informaticien/
 informaticienne
madame pie
monsieur
la nationalité
une partie
un passeport
un permis de conduire
une personne
une pièce jointe
un plombier
point
un(e) policier/policière
un pompier
présenter
un(e) professeur(e)
une recherche
rencontrer
s'appeler
suivre des cours
tiret
traduire
le travail
underscore
venir de
la ville
un visa

Banque de ressources
partir
vivre

UNITÉ 2

un(e) acteur/actrice
un adulte
l'âge
un(e) agriculteur/agricultrice
aller bien
allô
les animaux
un appel téléphonique
un(e) architecte
un(e) artiste
avoir

une boîte vocale
un(e) boulanger/boulangère
un buffle
un bureau
célibataire
un(e) chef/cheffe
une chose
un(e) client(e)
un(e) collection
confirmer
connaître
un chauffeur
un(e) conservateur/
 conservatrice de parc
corriger
un coup de fil
un(e) couturier/couturière
demander
un domaine
un(e) éco-guide
un éléphant
enchanté(e)
un étage
les études
l'expérience
expliquer
un(e) facteur/factrice
un(e) fleuriste
un gardien d'île
un gorille
un groupe
une information
un(e) ingénieur(e)
je ne comprends pas
je vous le/la passe
un(e) journaliste
laissez un message
un(e) mannequin
marié(e)
une messagerie
un moment
ne quittez pas
un ordinateur (portable)
organiser
une panthère
un parc
un pêcheur
un perroquet
un(e) photographe
un(e) scénariste
pouvoir
préférer
rappeler
un(e) réalisateur/réalisatrice
 de cinéma, de télé
un singe
un(e) styliste
travailler
la voix
vous pouvez répéter ?
un rôle

un webdesigner

Banque de ressources
une baleine
un(e) banquier/banquière
un dauphin
un(e) influenceur/influenceuse
un pilote
un(e) vendeur/vendeuse

UNITÉ 3

une banque
adorer
aimer
aller
un appartement
un arrêt
un arrondissement
un bar
une bibliothèque
un bureau de poste
le bus
un café
une cathédrale
central(e)
le centre-ville
un cinéma
un commerce
un commissariat (de police)
une école
une église
une épicerie
étudier
faire les courses
faire du sport
une gare
un hôpital
un immeuble
un jardin
un magasin
une mairie
une maison
un marché
les mesures : mètre, kilomètre
le métro
un monument (historique)
une mosquée
un musée
prendre
un quartier
un restaurant
une rue
le scooter
se déplacer
un supermarché
un ticket
le tramway (le tram)
les transports
la trottinette
une université

LEXIQUE

le vélo
la voiture

Banque de ressources
l'autobus
l'avion
le bateau
le camion
le club de sport / de gym
un logement
marcher
le taxi
un théâtre
le train

UNITÉ 4

agréable
un(e) ami(e)
amoureux/amoureuse
un anniversaire
autre
une barbe
beau/belle
un bracelet
bravo
c'est vrai
un cadeau
un canapé
une ceinture
une chaise
une chambre
un chapeau
des chaussures (à talon)
une chemise
cher / chère
les cheveux blonds, bruns
un collier
une commode
un copain / une copine
un costume
une cravate
discuter
divorcer
les enfants
envoyer
être d'accord
un faire-part (de mariage)
faire la bise
la famille
un fauteuil
félicitations
féliciter
la femme
une fête (faire une fête)
la fille
le fils
le frère
grand(e)
la grand-mère
les grands-parents

le grand-père
gros(se)
une invitation
une lampe
un lit
la maman
la mamie
le mari
un mariage
la mère
mince
une moustache
offrir
un pantalon
le papa
le papi
les parents
le père
petit(e)
les petits-enfants
plaisanter
des relations
une robe
s'amuser
s'embrasser
un sac (à main)
se (re)marier
se disputer
se séparer
(se) serrer la main
(se) ressembler
un salon
la sœur
souhaiter
une table
une veste
des vêtements
un(e) voisin(e)
des yeux verts, marron, noirs

Banque de ressources
attendre un enfant
le beau-père
les beaux-parents
la belle-mère
blanc(he)
une compagne / un compagnon
une cuisine
roux/rousse
vieux/vieille

UNITÉ 5

un abonnement
apprendre
l'après-midi
un arbitre
attendre
avoir faim
avoir soif
un ballon

du basket
des baskets
une boîte de nuit
un bonnet de bain
un casque
des chaussures de sport
un concert
courir
la danse
danser
le dessin
dessiner
devoir
dormir
l'été
faire du bénévolat
un fan
la fin
le foot
gagner
la gymnastique
l'hiver
inviter
un jeu vidéo
jouer
laver
lire
des lunettes
un maillot de bain
marcher
le matin
nager
nettoyer
la peinture
la piscine
le printemps
proposer
ranger
une raquette
refuser
repasser
rouler
une saison
savoir
se coucher
se lever tôt/tard
se préparer
se reposer
un short
un sport
un stade
super
le tennis
le théâtre (une pièce de théâtre)
tomber
le yoga

Banque de ressources
une balle
se brosser (les dents)
se changer

s'habiller
se maquiller
se raser

UNITÉ 6

un accessoire
un achat
acheter
l'automne
une bijouterie
un billet
bleu
un blouson
une bonne affaire
une bougie
une boutique
une brosse (à dents, à cheveux)
une carte de paiement / de crédit
un centre commercial
chercher
des ciseaux
une clé
collectionner
une couleur
coûter
un crayon
du dentifrice
dépenser
un drap
échanger
une écharpe
une facture
des fraises
des fruits
jaune
une jupe
des légumes
un magasin de déco
un magasin de vêtements
une manière
un manteau
le marché (aux puces)
un médicament
la monnaie
noir
le paiement sans contact
payer (en espèces / en liquide)
une pharmacie
une pièce
un portefeuille
un prix
une promotion
un pull
une raison
un reçu
une réduction
retirer de l'argent
rouge
s'intéresser à
du savon

une serviette
du shampoing
le shopping
des soldes
des souvenirs
un stylo
taper / composer son code
un t-shirt
un(e) client(e)
un vase
un(e) vendeur/vendeuse
valider
vert

Banque de ressources
une bague
une banane (un sac à main)
une boulangerie
une chaîne (en or)
une décision
essayer
mentir
une montre
un nœud papillon
offert
perdre
plier
régler
un tableau

UNITÉ 7

l'addition
l'ail
ajouter
un aliment
l'apéritif
une assiette
le bacon
une baguette
battre
le beurre
la bière
une boisson
une boîte
un bol
des brochettes
le café
c'est bon/mauvais
des céréales
un(e) chef/cheffe
le chocolat
une commande
commander
la confiture
consommer
consulter
couper
un couteau
des couverts

une crêpe
un croissant
une cuillère
cuisiner
un cuisinier
déguster
déjeuner
le déjeuner
délicieux
un dessert
détester
dîner
le dîner
une entrée
les épices
épicé
fade
faire cuire
la farine
une fourchette
le fromage
les fruits de mer
le gingembre
goûter
un gramme
l'huile
un ingrédient
le jambon
un kilo
le lait
un litre
manger
mélanger
le menu / la carte
le miel
une mousse (au chocolat, aux fruits)
un œuf
un oignon
le pain
un paquet
parfumé
les pâtes
peler
petit-déjeuner
le petit déjeuner
un piment
un plat
le poisson
le poivre
des pommes de terre
du poulet
une quantité
une quiche
une recette
un repas
la restauration rapide
le riz
un saladier

salé
une saucisse
le sel
un(e) serveur/serveuse
une serviette
le sirop d'érable
le soja
une soupe
le sucre
sucré
le thé
le tofu
un verre
verser
la viande
le vin

Banque de ressources
bon appétit
la charcuterie
les épinards
les noix
des olives
un(e) pâtissier/pâtissière
un(e) plongeur/plongeuse
le raisin
un(e) réceptionniste
servir
végétarien(ne)

UNITÉ 8

un aéroport
des affaires
un aller (un aller simple, un aller-retour)
un appareil photo
atterrir
une aventure
l'avion
un bagage cabine/en soute
un billet de train
une chambre d'hôtel
un changement
un chargeur
une climatisation
un commentaire
un comptoir
un contrôle (de sécurité)
une correspondance
déclarer
le décollage
décoller
le désert
difficile
la douane
des écouteurs
l'embarquement
emporter
un endroit

une entreprise
un(e) explorateur/exploratrice
explorer
fantastique
la forêt
une gare
un glacier
un guichet
horrible
l'hôtesse de l'air
il fait chaud
il fait froid
il fait humide
il pleut
impressionnant
un lit double/simple
magnifique
la météo
la montagne
la nature
des nuages
un orage
passer du temps
une porte d'embarquement
raconter
un renseignement
(se) renseigner
une réservation
réserver
rester
un service
un site
un steward
un train
traverser
un(e) passager/passagère
un(e) pilote
un(e) réceptionniste
les vacances
une valise
le vent
visiter
vivre
voir
un vol
un voyage (d'affaires)
voyager
un(e) voyageur/voyageuse

Banque de ressources
une batterie
désagréable
un(e) douanier/douanière
la mer
un portable
porter
une prise
se reposer
la température

N° éditeur : 10299619

Achevé d'imprimer en Mars 2024 par Bona S.p.A. à Turin en Italie